# 철학자의 공부법

# 철학자의 공부법

**초판 1쇄 인쇄** 2018년 4월 15일
**초판 1쇄 발행** 2018년 4월 25일

**지 은 이** 미키 기요시
**옮 긴 이** 이윤경
**펴 낸 곳** B612북스
**펴 낸 이** 권기남

**주　　소** 경기 양주시 백석읍 양주산성로 838-71, 107-602
**전화번호** 031)879-7831
**팩　　스** 031)879-7832
**이 메 일** b612books@naver.com
**블 로 그** blog.naver.com/b612books
**출판등록** 2012년 3월 30일(제2012-000069호)

**ISBN** 978-89-98427-16-0 03100

이 도서의 국립중앙도서관 출판예정도서목록(CIP)은
서지정보유통지원시스템 홈페이지(http://seoji.nl.go.kr)와
국가자료공동목록시스템(http://www.nl.go.kr/kolisnet)에서
이용하실 수 있습니다.(CIP제어번호: CIP2018011389)

• 책값은 뒤표지에 표시되어 있습니다.

# 철학자의 공부법

미키 기요시 三木淸 지음 | 이윤경 옮김

B612 북스

차례

나의 청춘

· 1 ·

작년 말 문득 예전에 지어놓은 시를 뒤적이다가 〈우리가 모르는 철학〉이라는 제목의 오래된 원고를 발견했다. 150장쯤 되는 원고 말미에는 '1919년 7월 17일 도쿄 서부 나카노中野에서 탈고하다'라고 적혀 있었다. 새 학기의 시작이 9월일 때였으니 대학 생활 2년을 마쳤을 무렵, 그러니까 내가 스물셋이 되던 해였다.

그해 여름 방학, 도쿄에 간 나는 사가라 도쿠조相良德三와 함께 나카노에서 작은 집을 빌려 자취를 했다. 지금의 후미조노文園 근방이다. 이 원고는 그때 쓴 것으로, 내 심리적 성장 과정을 고백 형식으로 기록한 글이다. 남에게 보여줄 만한 내용은 아니지만 다시 읽어보니 새삼 반갑다. 청춘에 대한 나의 감상과 회의懷疑, 꿈이 적혀 있다. '진정한 가을 햇살이 비추니, 어찌 온 마음을 다해 거닐지 않으리오.' 젊은 시절에는 이런 시를 노래하곤 했다. 나카노가 아직 무사시노武藏野의 모습을 간직한 시절이었다. 고등학교를 졸업하고 교토대학 문과에 입학한 내가 못내 그리워한 것은 무사시노의 풍경이었다. 산이나 바다보다는 평야가 제일 내 마음에 와 닿는 곳이었다.

*

교토에 간 이유는 니시다 기타로 교수님에게 배우고 싶어서였다. 고교 시절 가장 깊은 영향을 받은 책이 그분의 저서《선의 연구》였다. 무엇을 할까 고민하던 나는 이 책을 읽고 철학을 공부하기로 결심했다. 또 하나는《단니쇼》[1]로 지금도 애독하는 책이다. 요즘 한창 선禪이 유행하지만, 나는 평민적인 정토진종이 좋다. 눈을 감을 때까지 이 신앙으로 살지 않을까 싶다. 훗날 파리의 하숙집에서―스물아홉이 되던 해의 일이다―《파스칼의 인간 연구》를 집필할 무렵부터 머릿속을 떠나지 않는 것이 있었다. 같은 연구 방법으로 신란의 종교에 대한 글을 써야겠다는 생각이었다.

*

그 무렵 다이이치고등학교 출신 가운데 교토대 문과에 진학한 사람은 나 하나뿐이었다. 그 후로 다니카와 데쓰조[2], 하야시 다쓰

---

1 단니쇼(歎異抄). 1300년대 초반 유이엔(唯円)이라는 승려가 쓴 불교 서적. 스승인 신란(親鸞)이 죽은 후 정토진종 내부에서 일어난 이견과 이단을 한탄하는 내용.
2 다니카와 데쓰조(谷川徹三. 1895~1989). 일본의 철학자. 호세이대학 총장을 역임했다.

오[3], 도사카 준[4] 등이 하나둘 들어오더니 전반적인 기풍에 영향을 미칠 정도로 그 수가 늘어났다. 내가 입학할 무렵 교토대학 문과에는 고등사범학교 출신이 압도적으로 많았다. 나 같은 존재는 이단자나 다름없었다. 당시에는 철학 전공자가 극히 드물어서 같은 하숙집에서 지내던 모리카와 레이지로森川礼二郎와 나, 두 사람뿐이었다. 내가 괴짜라면 모리카와도 만만치 않았다. 그는 히로시마 고등사범학교 출신으로 대학 졸업 후 니시다 덴코[5]가 설립한 잇토엔에 들어간 인물이다. 괴짜, 하면 한발 늦게 교토에 온 고등학교 동창 오다 히데토[6]를 이길 자가 없다. 상당한 수재였는데, 대학 때는 시 창작에 열중하나 싶더니 한참 못 보는 사이에 심령술에 열중하다가 결국 오모토[7]에 빠졌다. 다이이치고등학교를 졸업하고 교토대학 철학과에 입학한 미쓰치 고조[8]도 괴짜였다. 내 눈에는 '무서운 후배'로만 보였는데, 안타깝게도 스스로 목숨을 끊고 말았다. 만일

---

3  하야시 다쓰오(林達夫, 1896~1984). 일본의 사상가이자 논평가. 서양정신사, 문화사, 문명사와 관련해서 수많은 저서를 남겼다.

4  도사카 준(戸坂潤, 1900~1945). 일본의 철학자.

5  니시다 덴코(西田天香, 1872~1968). 일본의 종교가, 사회사업가, 정치가. 잇토엔(一燈園)이라는 참회봉사단체의 창시자다.

6  오다 히데토(小田秀人, 1896~1989). 일본의 심령현상 연구가.

7  오모토(大本). 일본 신토(神道)계의 신흥종교. 속칭 오모토교(大本教)라고도 하나, 정식 명칭에는 '교'를 붙이지 않는다. 1892년 데구치 나오(出口なお)와 그의 사위 데구치 오니사부로(出口王仁三郎)가 창립했다.

8  미쓰치 고조(三土興三, 1898~1928). 일본의 사상가.

미쓰치가 살아 있었다면 어땠을까, 지금도 자주 그런 생각에 잠긴다.

＊

지금 학생들에 비하면 우리의 학창 시절은 무척 낭만적이었다. 시대가 파란만장하지 않고 청춘의 낭만주의를 만끽할 수 있을 만큼 평화로운 때였다.

· 2 ·

당시 교토대 문과대학은 일본 문화사의 한 페이지를 장식했다고 해도 과언이 아니다. 철학의 니시다 기타로, 철학사의 도모나가 산주로[9], 미학의 후카타 야스카즈[10], 서양사의 사카구치 스바루[11], 중국학의 나이토 고난[12], 일본사의 우치다 긴조[13] 등 전국에서 모여든 쟁쟁한 학자들이 여느 때보다 왕성하게 활동한 시기였다. 게다가 내가 교토대학에 입학한 해에는 하타노 세이이치[14] 교수님이 도쿄

---

9   도모나가 산주로(朝永三十郎, 1871~1951). 일본의 철학자. 교토대학 명예교수. 교토학파를 대표하는 인물 중 하나.

10   후카타 야스카즈(深田康算, 1878~1928). 일본의 미학자. 교토제국대학 교수.

11   사카구치 스바루(坂口昂, 1872~1928). 일본의 서양사학자. 전문 분야는 고대 그리스·로마사.

12   나이토 고난(内藤湖南, 1866~1934). 일본의 동양사학자.

13   우치다 긴조(内田銀藏, 1872~1919). 일본의 역사학자. 일본 경제사학의 선구자.

14   하타노 세이이치(波多野精一, 1877~1950). 일본의 철학사가, 종교철학자. 니시다 기타로와 교토학

대학에서, 이듬해에는 다나베 하지메[15] 교수님이 도호쿠대학에서 교토대학으로 왔다. 이런 시대에 배울 수 있었다니, 아무리 생각해도 자랑스럽고 감사할 따름이다.

　돌아보면 나름대로 감상과 회의와 꿈이 있는 청춘이었다. 대학 시절 한 해 남짓을 시 창작에 몰두한 적이 있다. 시가 완성되면 늘 다니카와 데쓰조에게 비평을 부탁했다. 그가 아리시마 다케오[16] 등이 활동한 시라카바파[17]에 한창 심취해 있을 때라 나도 다소 영향을 받았다. 그러면서도 학생의 본분인 공부를 게을리 하지 않을 수 있었던 것은 앞서 언급한 스승들의 영향이 크다.

*

　대학 시절 나는 책보다 사람의 영향을 더 많이 받았다. 아니, 받을 수 있었다. 얼마나 행복한 일인가. 학생 수도 적어서 교수와 학생의 관계가 지금과는 비교도 안 될 만큼 가까운 시절이었다. 특히 하타노 교수님과 후카타 교수님 댁에서 자주 식사 대접을 받았다.

---

파를 창시했다.

**15**　다나베 하지메(田辺元, 1885~1962). 일본의 철학자. 니시다 기타로와 함께 교토학파를 대표하는 사상가.

**16**　아리시마 다케오(有島武郎, 1878~1923). 일본의 소설가. 대표작으로는 《카인의 후예》, 《어떤 여자》 등이 있다.

**17**　시라카바파(白樺派). 1910년 창간된 동인지 〈시라카바〉를 중심으로 일어난 문예사조, 또는 그 이념과 작풍을 공유하는 작가와 예술가를 가리킨다. 인도주의, 이상주의, 개성 존중 등을 내걸고 자연주의에 저항했다.

두 분 다 애주가였는데, 내가 술을 잘 마신다는 사실을 알고는 찾아뵐 때마다 술을 내줬다. 교실보다 훨씬 많이 배울 수 있는 자리였다.

하타노 교수님에게는 그리스 고전에 대한 열의를, 후카타 교수님에게는 예술은 물론 일반적인 문화와 교양의 의미를 배웠다. 세 번째로 영향을 많이 받은 사람은 사카구치 교수님이다. 그분의 저서 《전 세계 그리스 문명의 조류》를 처음 읽고 받은 감격은 지금도 생생하다. 교수님 덕분에 세계사에 눈뜨게 되었다. 당시 교토대학은 철학과의 전성시대인 동시에 사학과의 전성시대이기도 했다. 훗날 내가 역사철학 중심으로 연구하게 된 데에는 이러한 학문적 분위기가 한몫했다.

*

물론 가장 큰 영향을 준 사람은 니시다 교수님이다. 그 무렵 교수님은 《자각에 대한 직관과 반성》을 집필 중이었는데, 이것을 처음에는 〈게이분藝文〉에, 그 다음에는 이윽고 창간된 〈철학연구〉에 매달 발표했다. 연구에 대한 열의가 어찌나 대단한지 제자들이 절로 느낄 정도였다. 매일 아침 교수님 댁 앞을 지나 학교에 가던 나는 2층 문이 닫힌 것을 보고는 어젯밤에도 늦게까지 연구하신 모양이야, 하고 모리카와 레이지로와 얘기를 나누곤 했다.

*

졸업 논문을 준비하던 늦가을, 사건이 하나 벌어졌다. 늦은 밤 교토역까지 아리시마 다케오를 바래다주고 돌아오는 길에 오다 히데토와 의견을 주고받으며 혼간지本願寺 앞을 걷다가 내가 차에 치인 것이다. 하마터면 죽을 뻔했지만 다행히 왼쪽 어깨 골절에 그쳤다. 그래도 한 달 가량은 입원해야 했다. 그리고 〈비판철학과 역사철학〉이라는 논문을 제출하고 졸업했다. 스물넷에 일어난 일이다.

1920년은 세계 공황이 일본을 덮친 해다. 평화로운 청춘이 끝나고 내 삶에도 많은 변화가 다가오고 있었다. 아니, 어쩌면 나의 청춘은 그때 시작되었는지도 모른다.

독서 편력

## · 1 ·

요즘 아이들은 학교에 입학하기 전부터 많은 책을 접한다. 이게 과연 행복한 일일까, 잘 모르겠다. 나는 초등학교 시절, 그리고 중학생이 되고 2년 동안 교과서 말고는 책을 거의 보지 않았다. 학교에서 돌아오자마자 책 보따리를 내팽개치고 동네 아이들과 놀거나 집안일을 돕는 게 일상이었다. 내가 태어난 곳에서 연못을 하나 건너면 다쓰노龍野라는 마을이 나오는데, 그 마을의 초등학교에 다니던 나는 당시의 농가 아이들과 마찬가지로 아무런 책도 볼 수 없는 환경에 있었다. 아버지 대부터 장사를 접었지만, 지금도 본가는 마을에서 '쌀집'으로 통한다. 할아버지가 살아계시던 그 시절에는 쌀 거래 중개와 소매를 겸하며 논농사도 조금 지었다. 마을 사람들과 똑같이 살며 눈에 띄지 말자는 것이 우리 집안의 생활방침이었고, 나도 동네 아이들과 다르지 않은 가정교육을 받았다. 중학교에

19

다닐 때에도 마을의 또래들과 어울리며 가급적 눈에 띄지 않도록 조심했다. 나는 장사보다 농사를 거드는 게 좋았다. 평범한 농부의 아이로 자랐다는 말이다. 잡지라는 물건을 처음 본 게 6학년 때가 아닐까 생각한다. 중학교 입학시험 대비 보충수업에서 나란히 앉게 된 마을의 의원 집 아이가 하구분칸博文館에서 발행한 〈일본소년〉을 보여주었다. 나는 잡지가 있는 줄도 몰랐던 시골아이였다. 심부름 때문에 읍내에 나가는 일이 많았지만, 책방에는 관심이 없어서 지나치기 일쑤였다. 지금 어린 시절을 되돌아봐도 내 기억에 남아 있는 것은 고향의 풍경과 각양각색의 사람들뿐, 책은 하나도 없다. 다만, 그때 본 〈일본소년〉만이 묘하게 인상에 남아 있다. 그 무렵 널리 읽힌 이와야 사자나미[1]의 동화책도 중학생이 되고 처음 접했다. 시골아이에게는 다른 사람이 만들어준 꿈은 필요 없다. 흙이 아이들 마음속에 꿈을 심어주기 때문이다.

이랬던 내가 문예라는 말을 비교적 빨리 알게 된 것은 한 무모한 교사 덕분이다. 이 또한 6학년 때의 일로 기억한다. 담임으로 다쓰노에서 다다多田라는 선생님이 부임해왔다. 호토토기스파[2]의 하이쿠 시인이었던 모양인데, 교실에서 평범한 농가의 아이들을 붙잡

---

1　이와야 사자나미(巖谷小波, 1870~1933). 일본의 작가, 아동문학가, 시인.

2　호토토기스(ホトトギス)파. 1897년 하이쿠 마사오카 시키(政岡子規)의 친구인 야나기하라 교쿠도(柳原極)가 창간한 하이쿠 잡지. 나쓰메 소세키의 소설 《나는 고양이로소이다》, 《도련님》이 발표된 잡지로도 유명하다.

고 여러 번에 걸쳐 하이쿠를 설명하더니 급기야 작문 시간에 학생들에게 하이쿠를 지어보라고 했다. 어느 날은 내가 지은 시가 훌륭하다며 칠판에 써서 모두에게 보여주고는 다카하마 교시[3]의 본명이 나와 같은 기요시淸이니 너도 '교시怯詩'라는 호를 지으면 되겠다고 치켜세우는 것이었다. 누가 나에게 호를 지어준 건 그때가 처음이자 마지막이어서 지금도 기억한다. 그 선생님 덕분에 나는 시키와 부손蕪村, 바쇼芭蕉의 이름을 알게 되었고, 그들이 지은 하이쿠도 조금 배웠다. 〈호토토기스〉라는 잡지는 중학생 때 사물을 있는 그대로 묘사하는 사생문을 배우려고 잠시 본 적이 있다.

## · 2 ·

진심으로 독서에 흥미를 느끼게 된 계기는 만주에서 교과서 편찬을 담당하고 계신 데라다 기지로寺田喜治郎 선생님의 영향 때문이다. 이분과의 만남은 내 일생일대의 행복이다. 아마도 중학교 3학년 때였을 것이다. 선생님은 도쿄고등사범학교를 갓 졸업하고 내가 다니던 다쓰노龍野중학교에 국어 교사로 부임해왔다. 문학에 뜻

---

3  다카하마 교시(高浜虛子, 1874~1959), 일본의 시인, 소설가, 본명은 다카하마 기요시(淸).

을 두고 시마자키 도손[4]을 사사했다는 소문이 돌았다. 그 시대에 이미 국어 교육에 대한 새로운 시각을 주장한 분이었다. 우리는 부교재로 주어진 도쿠토미 로카[5]의 《자연과 인생》을 학교에서도 읽고 집에 가서 또 읽었다. 내용은 전혀 설명해주지 않고 수없이 반복해서 읽으라고 선생님이 말씀했기 때문이다. 나는 이내 로카가 좋아졌고 몇 가지 글귀는 외울 정도가 되었다. 심지어는 《청산백운》이나 《푸른 갈대 모음》 같은 작품까지 찾아 열심히 읽었다. 겨울밤 어슴푸레한 등불이 비추는 고타쓰에 앉아 의아해하는 어머니의 시선을 느끼며 《추억 일기》를 탐독하느라 밤을 새운 적도 있다. 내가 읽은 첫 소설이다. 이렇게 해서 나는 로카에게 큰 영향을 받게 되었다.

로카에게 영향을 받은 이유는 그때까지 책이라는 걸 거의 읽은 적이 없는 내가 처음 접한 작품인 데다 무려 1년 남짓을 로카의 작품만 되풀이해서 읽었기 때문이다. 이러한 독서법은 사서오경의 음독으로부터 학문을 시작하는 일반적인 관습이 쇠퇴한 이래 오늘날에는 매우 드문 일이 되고 말았다. 요즘 아이들 대부분은 갖가지 책을 쉽게 접하는 행복을 누리지만, 여기에는 닥치는 대로 읽

---

4  시마자키 도손(島崎藤村, 1872~1943). 일본의 시인, 소설가. 〈문학계〉에 참가하고 낭만주의 시인으로 활동했다. 주요 소설로는 《파계》, 《봄》 등이 있다.
5  도쿠토미 로카(德富蘆花, 1868~1927). 일본의 소설가.

고 버리는 습관이 생기기 쉽다는 폐단이 있다. 얼마나 불행한 일인 가. 교과서만 봐야 한다는 얘기가 아니다. 교과서란 어떤 것이든 어느 정도 공리를 추구하게 되어 있다. 따라서 교과서만 공부한 사 람은 공리주의자가 되고 만다.

독서에도 만남이라는 것이 존재한다면 로카는 나에게 하나의 만 남이었다. 내 고향 다쓰노는 요즘 들어 고베, 오사카 등지에서 많 은 관광객이 찾을 정도로 자연이 아름다운 곳인데, 풍경은 무사시 노와 전혀 다르다. 그 땅에서 자란 내가 무사시노에 애착을 가지게 된 것은 로카의 영향 때문이다. 다이이치고등학교 시절에는 일요 일만 되면 기숙사 도시락을 들고 정처 없이 무사시노를 돌아다닌 적이 있다. 당시 읽고 있던 바쇼에 대한 청소년 특유의 동경 때문 이기도 했지만, 그 밑바탕에 깔린 것은 《오쿠노호소미치》[6]가 아니 라 《자연과 인생》이었다. 지금까지 로카를 찾아간 적은 단 한 번도 없지만, 그가 머물던 가스야[7] 주변을 돌아다닌 건 한두 번이 아니 다. 도네利根강의 이키스息栖와 오미小見강 같은 이름도 로카의 글을 통해 기억하며 그곳으로 여행을 떠난 적도 있다. 덕분에 나는 자연 과 인생에 눈을 떴다. 내가 만약 휴머니스트라면 일찍이 로카의 영 향으로 어느 틈엔가 내 안에서 그런 것이 자랐기 때문이다. 그의

---

6  깊은 오솔길을 의미함.
7  가스야粕谷. 도쿄 세타가야世田谷구에 속한 쵸町 이름.

휴머니즘이 깊게 침투한 것은 촌놈인 나에게는 자연스러운 일이었다. 지금도 나는 흙에 끌린다. 명소의 자연이 아닌 흙의 자연 말이다. 풍경의 자연이 아니다. 바쇼조차도 나에게는 풍류에 불과하다. 나는 풍류의 전통보다 농민의 전통을 귀하게 여긴다. 하지만 로카의 문학을 농민의 문학이라고 할 수는 없다. 그의 작품을 다시 읽고 싶지는 않다. 오래전 나에게 큰 영향을 미친 책이기에, 그 추억을 온전히 간직하고 싶기에 다시 읽고 싶지 않은 책도 있는 법이다.

## · 3 ·

중학생 때 고바야시 이와오小林嚴라는 동창이 있었다. 나중에 후지오카藤岡로 성을 바꿨지만 우리 학교에서 이름난 수재에다 대단한 독서가이기도 했다. 4학년 때 기숙사를 떠나 우리 마을에 하숙하게 되면서 나와 가까워졌다. 그때부터 그의 영향으로 읽는 책이 다양해졌다. 생각해보면 내가 철학을 전공하게 된 것도 후지오카에게 감화를 받았기 때문이다. 5학년 때 그는 나가이 히소무[8] 박사의 저서를 애독하고 페어보른[9]을 존경했으며, 그의 저서 《일반 생리

---

8  나가이 히소무(永井潛, 1876~1957). 일본의 의학자, 생리학자.
9  페어보른(Max Verworn, 1863~1921). 독일의 생리학자. 신경 세포의 생리적 변화, 척추 동물의 신경

학》을 읽으려고 일찌감치 독일어를 공부하기 시작했다. 당시 중학교에서는 좀처럼 보기 드문 과학강연회를 조직한 것도 그였다. 그에게 자극을 받은 나도 나가이 박사의 《생명론》과 오카 아사지로[10] 박사의 《진화론 강의》를 읽고 생명이라는 주제에 관심을 가졌다. 이것이 훗날 내가 철학에 입문하는 계기가 되었다. 후지오카는 다이로쿠第六고등학교를 거쳐 교토대학 의과를 졸업하고 생리학을 연구했다. 특히 생리학사에 흥미가 많아 그 방면에 대한 논문을 발표했는데, 안타깝게도 병마에 쓰러지고 말았다. 그도 말년에는 철학책을 자주 읽었다고 한다. 그와 같은 고향 출신인 사카다 도쿠오[11] 도 마찬가지로 다이로쿠고등학교를 나와 교토대 의과를 졸업하고 생리학을 공부했는데, 지금은 전문 철학자가 되었다.

사람들 대부분은 문학 책으로 독서에 입문하는 듯하다. 후지오카도 그랬고 늘 그에게 지도받은 나도 그랬다. 후지오카도 처음에는 문학가를 지망한 모양으로 그의 주도로 교내 문예지가 생겼고, 나도 소설을 두어 편 실은 적이 있다. 그때 참가한 동인 중에는 만주국의 수도 신쿄新京[12]에 위치한 겐고쿠建國대학의 종교학 교수 마

---

생리학 등을 연구했다.

**10** 오카 아사지로(丘淺次郞, 1868~1944). 일본의 동물학자.

**11** 사카다 도쿠오(坂田德男, 1898~1984). 일본의 철학 연구가.

**12** 지금의 중국 창춘.

쓰이 료온松井了穩이 있다. 그 무렵 나는 오자키 고요[13], 고다 로한[14], 나쓰메 소세키, 모리 오가이[15], 히구치 이치요[16], 다카야마 초규[17], 구니키타 돗포[18], 다야마 가타이[19], 도쿠다 슈세이[20], 마사무네 하쿠초[21], 나가이 가후[22], 다니자키 준이치로[23], 스즈키 미에키치[24] 등 각양각색의 책을 섭렵했으나 특히 감명을 받은 것을 말하라면 후지무라의 《파계》, 《봄》, 《집》이나 모리 오가이의 작품 《즉흥 시인》과

---

**13** 오자키 고요(尾崎紅葉, 1868~1903). 일본의 소설가. 주요 저서로 《두 여승의 참회》, 《금색 야차(金色夜叉)》 등이 있다.

**14** 고다 로한(幸田露伴, 1867~1947). 일본의 소설가. 주요 저서로 《오중탑(五重塔)》, 《풍류불(風流佛)》 등이 있다.

**15** 모리 오가이(森鷗外, 1862~1922). 일본의 소설가, 평론가, 번역가, 육군 군의관, 관료. 주요 저서로 《무희》, 《기러기》, 《아베 일족》 등이 있다.

**16** 히구치 이치요(樋口一葉, 1872~1896). 일본의 소설가. 주요 저서로 《키재기》, 《흐린 강》, 《섣달그믐》 등이 있다.

**17** 다카야마 초규(高山樗牛, 1871~1902). 일본의 문예평론가, 사상가.

**18** 구니키타 돗포(國木田獨步, 1871~1908). 일본의 소설가, 시인, 저널리스트, 편집자. 주요 저서로 《무사시노》, 《궁사(窮死)》, 《대나무 쪽문》 등이 있다.

**19** 다야마 가타이(田山花袋, 1872~1930). 일본의 소설가. 주요 저서로 《이불》, 《고향》 등이 있다.

**20** 도쿠다 슈세이(德田秋聲, 1872~1943). 일본의 소설가. 주요 저서로 《신세대》, 《발자국》, 《곰팡이》 등이 있다.

**21** 마사무네 하쿠초(正宗白鳥, 1879~1962). 일본의 소설가, 극작가, 문학평론가. 주요 저서로 《어디로》, 《흙인형》 등이 있다.

**22** 나가이 가후(永井荷風, 1879~1959). 일본의 소설가. 《미국 이야기》, 《지옥의 꽃》, 《꿈의 여자》 등이 있다.

**23** 다니자키 준이치로(谷崎潤一郞, 1886~1965). 일본의 소설가, 극작가. 주요 저서로 《문신》, 《세설》, 《고양이와 쇼조와 두 여자》 등이 있다.

**24** 스즈키 미에키치(鈴木三重吉, 1882~1936). 일본의 소설가, 아동문학가. 주요 저서로 《천조》, 《오다》 등이 있다. 아동 잡지 〈빨간 새〉를 창간했다.

《물방울》등을 들겠다. 그 후로 후지무라의 책은 별로 보지 않지만 오가이의 책은 지금도 간혹 읽는다. 학교를 마치고 집으로 돌아가는 길에 다쓰노의 후니미야伏見屋라는 책방에 들러 책을 뒤지곤 했는데, 그러다가 부모님 몰래 빚을 떠안고 고생한 적도 있다. 때로는 히메지까지 가서 헌책방을 돌기도 했다.

외국 문학 쪽에서는 후지오카가 오스카 와일드를 좋아해서《리딩 감옥의 노래》를 번역해 문예지에 싣곤 했다. 나도 와일드의 작품을 도쿄의 마루젠丸善 서점에서 구해와 사전을 뒤적이며 읽은 적이 있다.《구렁텅이에서De Profundis》가 인상 깊었다. 이외에도 후지오카의 영향으로 이반 투르게네프[25]를 비교적 많이 읽었다. 그 무렵 우리 중학교에서 외국 문학에 해박한 사람은 원래 성이 나가토미永富였던, 지금은 외교 평론가로 유명한 가지마 모리노스케[26] 군이었다. 우리보다 한 학년 선배였는데, 문과대학을 다녔다는 이유도 있겠지만 우리가 놀랄 정도로 외국 작가에 해박했다. 점심시간, 학교 운동장 구석에서 후지오카와 나는 그 형에게 에른스트 호프만[27]이 어떻고, 모리스 마테를링크[28]가 어떻고, 샤를 보들레르가 어떻고

---

25  이반 투르게네프(Ivan Sergeevich Turgenev, 1818~1883). 러시아의 소설가. 주요 저서로《아버지와 아들》,《사냥꾼의 수기》,《첫사랑》등이 있다.
26  가지마 모리노스케(鹿島守之助, 1896~1975). 일본의 외교관, 실업가, 정치가, 외교사 연구가.
27  에른스트 호프만(Ernst Hoffmann, 1776~1822). 독일의 소설가. 주요 저서로《호두까기 인형》,《모래 사나이》등이 있다.

하는 얘기를 자주 들었다. 서양 현대문학사 강의를 거의 통째로 들은 셈이다. 가지마 군과는 오랫동안 만나지 못했지만, 만나서 당시의 얘기를 나눈다면 둘 다 웃음을 터트릴 일이 한두 가지가 아니다.

가물가물하지만 브릭스였던 것으로 기억한다. 내가 다니던 시절 다쓰노 중학교에도 처음으로 외국인 교사가 부임해왔다. 현재 간사이關西학원 경영학 교수인 동창 이케우치 노부유키池內信行가 영어 회화를 잘해서 그 선생님과 셋이서 자주 만났다. 이 미국인 선생님은 부임 인사로 자신이 건너온 태평양 바닷물이 일본 해안에 밀려올 것을 생각하니 세계는 진정 하나라는 사실을 절감했다고 했는데, 지금도 그 말이 생생하다. 이 선생님이 만든 마을 성경 학교에 영어 공부를 위해 참석하면서 처음 성경을 접했다. 그 후로 나는 일본어로 번역한 성경을 즐겨 읽는다. 이 성경 번역은 시메이[29]나 오가이의 번역 이상으로 일본 문학사에 길이 남을 위대한 업적일 것이다.

시와 단가短歌는 그 시대 청년 대부분이 그랬듯이 나도 도이 반스이[30]의 《덴치유조天地有情》를 암송할 때까지 읽고 또 읽었다. 《도손

---

28  모리스 마테를링크(Maurice Maeterlinck, 1862~1949). 벨기에의 시인, 극작가, 수필가. 주요 저서로 《펠레아스와 멜리상드》, 《파랑새》 등이 있다.
29  후타바테이 시메이(二葉亭四迷, 1864~1909). 일본의 소설가, 번역가.
30  도이 반스이(土井晩翠, 1871~1952). 일본의 시인, 영문학자.

시집》도 자주 읽었지만, 내가 가장 좋아한 것은 기타하라 하쿠슈[31]의 《자슈몬邪宗門》과 《추억》이었다. 지금도 하쿠슈의 시는 내가 아끼는 작품 중 하나다. 미키 로후[32]는 나와 성이 같아서 중학생 시절부터 가까이했다. 미키라는 성은 고향 근처에 많은데, 반슈播州[33]에 있는 미키성城의 벳쇼別所 씨가 도요토미 히데요시에게 몰락하자 망명한 가신들이 몸을 숨기기 위해 본래의 성씨를 감추고 그 지역의 이름인 미키로 개명했다고 한다. 중학생 시절에는 《폐원(廢園)》, 《쓸쓸한 여명》에서 본 로후의 시를 애송했지만, 그가 트라피스트 수도원에 들어간 이후에 지은 시는 별로 읽지 않았다. 하이쿠 등의 단가도 하쿠슈의 작품을 가장 좋아했다. 요시이 이사무[34]의 단가도 즐겨 읽었다. 그 무렵 단가를 배우는 데 꽤 열중한 적이 있는데, 다쓰노중학교 교우회 잡지에 내가 지은 단가가 몇 편 남아 있을 듯하다. 단가를 지으면서 가장 많은 영향을 받은 사람은 그 시대 청년 대부분이 그랬듯이 와카야마 보쿠스이[35]가 아닐까 생각한다.

---

31  기타하라 하쿠슈(北原白秋, 1885~1942), 일본의 시인, 동화 작가, 단가 시인.

32  미키 로후(三木露風, 1889~1964), 일본의 시인, 동화 작가, 단가 시인, 수필가.

33  하리마의 별칭.

34  요시이 이사무(吉井勇, 1886~1960), 일본의 단가 시인, 극본가.

35  와카야마 보쿠스이(若山牧水, 1885~1929), 일본의 단가 시인.

중학교 시절 내가 그나마 잘한 과목은 역사였다. 그중에서도 야마지 아이잔[36]의 역사물을 자주 읽었다. 특히 《조잔 기담常山紀談》이나 《일본 외사外史》를 애독했다. 또한 한문 실력도 괜찮아서 경서보다는 사서를 즐겨 읽었다. 다쓰노에 위치한 아키사카 번[37]의 유학자 혼마 조간本間貞觀이라는 선생님이 우리 중학교에 부임해왔을 때였다. 나는 또다시 후지오카에게 이끌려 1년 남짓을 이 어르신 집에 찾아가 한시 짓기를 배웠다. 학교 작문 시간에는 당시의 중학생들에게 지대한 영향을 미친 오마치 게이게쓰[38]를 읽고 게이게쓰풍으로 글을 썼던 나지만, 한시를 배우고 나서는 구보 덴즈이[39]나 모리 가이난[40] 등의 작품을 공부했다. 당나라 최고의 시를 모아놓은 《당시선唐詩選》에 나오는 시를 되도록 많이 외우려고 기를 쓴 적도 있다. 후잔보富山房 출판사의 백화문고를 통해 모리 가이난의 《당시선 평역評釋》을 미리 구해서 읽고 옛일이 떠올라 새삼 반가웠다.

---

36  야마지 아이잔(山路愛山, 1865~1917). 일본의 평론가, 역사가.

37  번(藩). 제후가 다스리는 영지와 통치 조직. 에도 시대부터 메이지(明治) 시대 초기(대략 1603년 ~1800년대 후반)에 일본 각지에 존재했다.

38  오마치 게이게쓰(大町桂月, 1869~1925). 근대 일본의 시인, 단가 시인, 수필가, 논평가.

39  구보 덴즈이(久保天隨, 1875~1934). 일본의 중국 문학가.

40  모리 가이난(森槐南, 1863~1911). 일본의 한시 작가, 관료.

미술 교사이면서 법제와 경제도 가르친 미네모토嶺本라는 선생님이 있었다. 그는 나에게 사상이라 할 만한 것들을 주입했다. 후지오카는 미네모토 선생님이 사회주의자라고 했지만, 사실은 허무주의자nihilist였던 모양이다. 아무래도 그리 행복하지 않은 그의 처지 때문일 듯싶다. 원래 평론가나 신문기자가 되려고 했는지, 그 일이 얼마나 중요한가를 자주 언급했다. 교실에서도 나카에 조민[41], 후쿠자와 유키치[42], 도쿠토미 소호[43], 미야케 세쓰레이[37] 같은 사람들에 대해 얘기하곤 했다. 하지만 나는 문학에 빠져 있던 터라 사상에는 별 관심이 없었다. 미야모토 선생님에게 배운 것 중에는 로카와 인연이 있는 도쿠토미 소호 씨의 저서를 가장 많이 읽었지만, 당시 유행하던 연설의 소재로 삼으려고 했을 뿐 사상 면에서는 영향을 받지 않았다.

반슈아코播州赤穂는 고마쓰에서 약 16킬로미터 떨어져 있다. 우리 중학교에서는 매년 의사 습격의 날[45]에 학생 전체가 밤을 새워 아

---

**41** 나카에 조민(中江兆民, 1847~1901). 일본의 사상가, 저널리스트, 정치가.

**42** 후쿠자와 유키치(福澤論吉, 1835~1901). 일본의 무사, 난학자, 저술가, 계몽 사상가, 교육자. 게이오(慶應) 대학 창설자.

**43** 도쿠토미 소호(德富蘇峰, 1863~1957). 일본의 저널리스트, 사상가, 역사가, 평론가. 고쿠민(國民) 신문을 발행하고 《근세일본국민사》를 집필했다.

**44** 미야케 세쓰레이(三宅雪嶺, 1860~1945). 일본의 철학자, 평론가. 쇄국주의자.

**45** 일명 아코 사건이 일어난 날로 음력 1702년 12월 14일(양력 1703년 1월 30일), 아코번의 가신 등 47명이 주군 아사노 나가노리(淺野長矩)의 원수를 갚기 위해 기라 요시나카(吉良義央)의 저택을 습격해 그 세력을 죽였다.

코까지 행군한 다음 그곳에서 의사 추도 강연회를 여는 것이 관례였다. 그 강연회 웅변에 학생이 나가기로 되어 있어서 평소부터 다들 연설에 열심이었다. 당시 일본은 이른바 웅변의 시대였다. 그때는 지금의 〈웅변〉이라는 잡지에도 제목처럼 유명 정치가의 연설 속기본이 실렸고 시골의 우리 중학교에서조차 모의국회를 열 정도였는데, 시대적 분위기가 이러했으니 당연한 일이다. 한때 〈웅변〉의 애독자였던 나도 중학교 뒷산에 올라 목청 높여 연설 연습을 한 적이 있다. 노자키野崎라는 국어 선생님은 연설을 잘해서 학생들에게도 권하곤 했다. 아코 강연회 연설에 대비하는 차원에서도 의사 전기傳記를 닥치는 대로 읽었다. 후쿠모토 니치난[46]의 《겐로쿠 쾌거록元祿快擧錄》 등도 감동하며 읽었는데, 지금은 이와나미 문고에서 출간된다.

이처럼 나에게 중학생 시절 후반은 혼돈의 다독 시대였다. 1914년 중학교를 졸업한 나에게 중학생 시절은 일본 자본주의 상승기로 〈성공〉 등의 잡지가 발간된 때였다. 이 시대의 중학생에게는 오시카와 슌로[47]의 〈모험세계〉 같은 잡지가 환영받았다. 그런 분위기에서 우리는 모든 일에 기업적이고 모험적이었다. 나의 독서 또한 그러했다. 고등학생 시절의 나와는 여러모로 대조되는 면이 많다.

---

46  후쿠모토 니치난(福本日南, 1857~1921). 일본의 저널리스트, 정치가, 사론가.
47  오시카와 슌로(押川春浪, 1876~1914). 일본의 모험소설 작가이자 SF 작가.

## • 5 •

나 자신에 대해 이야기하는 것은 위험한 일이다. 추한 행동이며 적어도 악취미라는 말을 들을 만한 일이다. 나는 책에 대한 글을 쓰며 나에 대해 또는 다른 사람들에 대해 적게 되었다. 어떤 책을 읽게 된 것은 어찌 보면 우연일 수 있다. 그러나 한편으로는 필연이기도 하다. 이 우연성과 필연성에 대해 계속 제시하려면 인간, 특히 나 자신에 대해 쓰지 않을 수 없다. 더불어 도사리고 있는 위험에서 쉽게 벗어나려면 가급적 간결하게 사실만을 기술해야 한다.

중학교를 졸업한 나는 도쿄 한복판에 홀로 남겨졌다. 다이이치 고등학교에 입학해보니 같은 중학교 출신 선배가 하나도 없었다. 졸업할 때까지도 중학교 후배는 한 명도 없었다. 일본처럼 특수한 사회에서, 그런 상황이 시골에서 올라온 청년에게 어떤 의미인지는 여러분도 상상이 갈 것이다. 게다가 우리 집은 도쿄에 지인이 한 명도 없었다. 입학이 9월일 때였는데, 숙부가 소개해준 보증인에게 인사를 하고 싶다는 아버지와 함께 그곳으로 가는 길에 폭풍우가 덮쳐 운행을 중단한 도카이도선東海道線 대신 중앙선을 타고 먼 길을 돌아 많은 터널을 지난 다음 그을음과 땀으로 범벅이 된 채 이다飯田역에 내렸을 때의 기분은 지금도 잊을 수가 없다. 학교 친구가 점점 늘어났지만 거의 매순간 외로웠다. 시골에서 올라온 나는 아버지를 닮아 사람 사귀는 데 몹시도 서툴렀다. 학교 기숙사에서 지낸 데다 시내에 아는 집이 없어 평범한 가정의 분위기를 접할 일도 없었다. 도쿄에 살았지만 늘 외로운 시골 사람이었다.

이런 외로움에는 청춘 시절의 감상感傷이 다분히 녹아 있을 터다. 고독한 청춘이 즐겨 찾는 것은 종교다. 아니, 종교적 기분이라고 해야겠다. 종교적 기분은 아직 종교가 아니다. 오히려 종교와는 정반대. 종교적 기분이 언제나 다소 감상에 젖어 있는 데 반해 종교 자체는 감상을 극복했을 때 가능하다. 스스로 종교적이라고 생각하는 것 자체가 이미 하나의 감상에 불과한 경우가 얼마나 많은가. 고등학생 시절을 통틀어 나는 종교에 관한 책을 비교적 많이 읽었다. 종교를 딱히 정하지 않고 다양하게 읽었다. 기독교 책을 읽으면 불교 책도 읽었다. 일본 선불교의 일파인 일련종日蓮宗 책을 본 다음 정토진종淨土眞宗 책도 보고 선종禪宗 책도 읽는 식이었다. 이렇듯 일종의 종교적 기분에 젖으면 위로받는 기분이 들었다. 이제 와서 돌아보면 청춘의 달콤한 감상에 불과한 것이 태반이었다. 그렇다고 달콤함이 죄다 무가치하다는 말은 아니다. 기본적으로 매우 일본적이다. 《성경》은 여러 번 읽고 그때마다 감명을 받은 책이다. 하지만 구약의 참 재미를 알게 된 것은 한참 후의 일이다. 《성경》은 지금도 늘 곁에 두고 보는 책이다. 불교 경전 중에서는 정토진종이 나와 가장 잘 맞았다. 기독교와 정토진종에 유사점이 있다고 보는 사람이 있는데, 수긍이 가는 얘기다. 진종 집안에서 나고

자란 나는 조부모님과 부모님이 읊는 《쇼신게》[48]와 《고분쇼》[49] 소
리를 듣고 무심결에 그것을 외웠고, 불단 앞에 앉아 어른들이 시키
는 대로 그것을 읊곤 했다. 경전 읽기는 우리 고장의 기초 교육 중
하나였다. 이런 어린 시절의 영향 때문인지 청년 시절에도 진종이
다른 어떤 것보다 내 마음을 사로잡았다. 지금도 마찬가지다. 우리
나라 철학자들은 대부분 선禪에 대해 즐겨 언급하고 동양 철학 하
면 바로 선을 떠올리는 듯한데, 나에게는 평민적인 승려 호넨法然이
나 신란의 종교가 훨씬 친근하게 느껴진다. 언젠가는 철학적인 의
의를 밝혀보고 싶다는 것이 나의 염원이다. 세월이 흘러 주로 서
양 철학을 연구하게 되면서 기독교 문헌을 읽을 기회가 많아졌다.
그것에도 충분히 관심이 있지만 결국에는 정토진종으로 돌아가지
않을까 생각한다. 고등학교 때 처음 보고 큰 감명을 받은 책은 《단
니쇼》였다. 지카즈미 조칸[50] 선생님의 《단니쇼 강의》도 잊을 수 없
는 책이다. 지카즈미 선생님은 그 시대의 일부 청년에게 큰 감화를
준 듯하다. 시마지 다이토[51] 선생님이 편찬한 《성전聖典》은 지금도

---

**48** 쇼신게(正信偈). 정식 명칭은 정신염불게(正信念仏偈)로, 신란의 저서 《교행신증(敎行信証)》의 '행권' 말미의 글이다. 진종의 대강을 정리해 놓았다.
**49** 고분쇼(御文章). 정토진종 혼간지파 8대 종주인 렌뇨(蓮如)가 문하에게 준 법어와 소식을 손자인 승려 엔뇨(円如)가 정리한 책.
**50** 지카즈미 조칸(近角常觀, 1870~1941). 진종 오타니(大谷)파 승려, 종교가.
**51** 시마지 다이토(島地大等, 1875~1927). 정토진종의 승려.

애독하는 책이다.

나뿐 아니라 그 시절 청년들은 대체로 종교에 큰 관심을 가졌던 모양이다. 일본 사상계가 전반적으로 내성적이 되어가던 시대였다. 중학생 시절 초반에 흥미롭게 읽은 〈모험세계〉라는 잡지가 사라지고 이윽고 구라타 햐쿠조[52] 씨의 《출가와 그 제자》와 《사랑과 인식의 출발》이 등장해 청년들에게 큰 반향을 일으키는 시대적 분위기에서 고등학교를 다녔다. 다이이치고등학교에도 일련종과 선종, 진종 각각의 동아리가 있어서 나도 가끔 참가했다. 나와 가장 가까워진 미야지마 도시오宮島銳夫의 권유로 어느 해 여름 그와 함께 가마쿠라에 있는 엔카쿠지円覺寺의 암자에 머물며 좌선을 한 적도 있다. 한 번은 선실禪室을 나왔을 때 미야지마가 알고 지내는 호리구치 다이가쿠[53] 씨가 조치지淨智寺에 왔다는 소식을 듣고 그를 찾아간 적도 있다. 지금도 그때의 일이 생생한데, 아직까지 호리구치 씨와 만나지만 그 얘기를 한 적은 없다. 아무래도 호리구치 씨는 기억을 못하는 모양이다.

---

**52**  구라타 햐쿠조倉田百三, 1891~1943). 일본의 극작가, 평론가.
**53**  호리구치 다이가쿠堀口大学, 1892~1981). 일본의 시인, 단가 시인, 프랑스 문학자.

## · 6 ·

이런 식으로 나의 문학열은 식어갔다. 중학교 졸업 전에는 장래에 문학을 하고 싶다는 생각에서 당시 가고시마로 이사 간 데라다 기지로 선생님에게 편지로 그 일을 상의했더니 선생님께서 조언이 적힌 답장을 보내주었다. 하지만 다이이치고 문과에 진학하고 나서 그런 마음이 엷어졌다. 문학에 대해서도 회의적이 되었다. 변론부에도 전혀 관심이 없었고 문예부에도 흥미가 없었다. 오히려 1학년 때에는 잠시 검도부에 적을 둔 적이 있다. 이런 내가 세리자와 신이치芹澤愼一 씨—고지로幸治良 씨의 형—의 강권으로 보트부에 들어가 노를 젓게 된 것이다. 운동 신경이 좋지는 않았지만, 스미다墨田강에서 보트를 타는 것은 당시 회의에 빠져 있던 나에게는 일종의 도피였다. 함께 노를 젓던 친구 중에 철학의 길을 걸은 사람으로는 훗날 도호쿠東北대학 종교학 조교수로 재직하다 안타깝게 병으로 숨을 거둔 데라사와 슈이치寺崎修一가 있다. 이 밖에도 독일법의 와가쓰마 사카에[54], 미와 주소[55] 같은 이들도 보트를 타다 알게 된 사람들이다. 교토대학에 들어가서도 문과 소속 선수로 비와琵琶호와 세타瀨田강에서 노를 저은 적이 있다.

---

**54** 와가쓰마 사카에(我妻榮, 1897~1973), 일본의 민법학자.
**55** 미와 주소(三輪壽壯, 1894~1956), 일본의 법률가, 정치가.

아무튼 나의 독서 취향은 문학 서적에서 종교 서적으로 바뀌어 갔다. 시대의 정신적 기류가 변한 영향이기도 하다. 톨스토이의 《나의 참회》가 문학청년들에게 큰 반향을 일으킨 시대였다. 나도 감격하며 읽은 책이다. 나는 어느 새 톨스토이가 《예술이란 무엇인가》에서 밝힌 생각에 공감하게 되었다. 그의 《인생론》 등도 감동받은 책이다. 아마도 중학생 시절 탐독한 도쿠토미 로카의 영향 때문에 알게 모르게 준비된 면도 있을 듯하다. 한때는 나도 톨스토이주의자였다. 작년 여름, 만주 여행에서 이와나미 문고판 《바보 이반》과 《인간은 무엇으로 사는가》 같은 당시 애독하던 톨스토이의 작품을 들고 기차에 올라 오랜만에 다시 읽어보았는데, 예전만큼 깊은 감동을 받지는 못했다. 거드름을 피우는 듯한 느낌을 받았기 때문이다. 하지만 노령에도 거드름을 피울 수 있다는 점이 톨스토이의 위대함일지도 모른다. 나는 루소의 《참회록》, 아우구스티누스의 《고백록》, 마르쿠스 아우렐리우스의 《명상록》과 그와 유사한 종류나 제목의 책을 즐겨 읽었다. 철학자 중에서는 쇼펜하우어나 니체의 생의 철학이 유행했고 나도 영향을 받았다. 와쓰지 데쓰로[56] 씨의 《니체 연구》와 《쇠렌 키에르케고르》 등은 당시의 분위기를 엿볼 수 있는 책이다. 문학 면에서도 러시아 문학에 큰 관심을

---

**56** 와쓰지 데쓰로(和辻哲郎, 1889~1960). 일본의 철학자, 윤리학자, 문화사가, 일본 사상사가.

갖게 되었다. 특히 애독하던 체호프의 작품 중《벚꽃 정원》같은 책은 몇 번이고 되풀이해서 읽었다. 청년들 사이에서는 게곤華嚴 폭포에서 목숨을 끊은 다이이치고등학교 학생 후지무라 미사오藤村操가 늘 화제에 오르내린 시절이었다. 나도 책을 읽으면서 책에 대한 회의가 깊어져, 소장하던 책을 몽땅 팔아버린 적이 여러 번 있다.

내가 몸소 경험한 당시의 일본 정신계를 지금 되돌아보면 먼저 모험적이고 적극적인 시대가 있었다. 그때의 학생들 대부분은 정치에 큰 관심을 두었고 웅변술도 유행—중학생 시절에 약간 경험했다—했지만, 그 반작용으로 이번에는 내성적이고 회의적인 시대가 출현했다. 그리고 그런 분위기 속에서 '교양'이라는 관념이 일본 지식인 사이에 등장했다. 따라서 이러한 유래 때문에 교양이라는 관념이 문학적 또는 철학적이며, 정치적인 교양은 포함하지 않고 오히려 의식적으로 정치적 성격을 외면으로 간주해 제외하고 배척했다고 말할 수 있다. 교양이라는 관념은 주로 나쓰메 소세키 문하에 있으면서 케벨[57]의 영향을 받은 사람들이 형성해갔다. 아베 지로[58] 씨의《산타로三太郎의 일기》는 그 흐름에 앞장선 대표적인 작품으로 나도 기숙사 불이 꺼진 뒤 촛불에 의지해 독서에 열중한 적

---

**57** 라파엘 본 케벨(Raphael Von Koeber, 1848~1923). 러시아 출신(독일계 러시아인)의 철학자, 음악가. 메이지 정부에 고용된 외국인으로서 도쿄대학에서 철학과 서양고전학을 가르쳤다.

**58** 아베 지로(阿部次郎, 1883~1959). 일본 철학자, 미학자, 작가.

이 있다. 이 흐름과는 별개지만 여러 측면에서 접촉하며 교양이라는 관념의 확충과 적극화에 기여한 이들은 시라카바파[59]였다. 나도 몇몇 작품을 읽었지만, 직접적으로 영향을 받은 것은 대학 입학 후였다. 이렇게 해서 일본의 휴머니즘, 아니 일본적인 휴머니즘이 차츰 형성돼갔다. 그리고 그것이 톨스토이적 인도주의 또는 종교적 낭만주의에서 점차 '문화'라는 관념에 중점을 둔 것은 아닐까 생각한다. 아베, 와쓰지 씨 등이 참여한 잡지 〈사조思潮〉가 등장한 후 나도 애독자가 되었다. 이는 훗날 이와나미의 〈사상〉으로 바뀌었다.

고등학생이 되고 처음 2년간은 내성적인 방황의 시기였다. 2학년으로 올라갈 때 학교 규칙상 문학을 지망할 것인지, 철학을 지망할 것인지 결정해야 했기 때문에 일단 철학으로 적어서 내긴 했지만 마음속으로는 결단을 내리지 못하고 있었다. 마음을 정리하고 철학을 공부하기로 확실히 결정한 것은 3학년 때로, 그 무렵부터 독서 성향도 바뀌기 시작했다.

---

**59** 시라카바파(白樺派). 1910년 창간된 동인지 〈시라카바〉를 중심으로 일어난 문예사조 중 하나. 또는 그 이념과 작품을 공유한 작가들을 말한다. 자유주의를 배경으로 인간의 생명을 존중하고 이상주의, 인도주의, 개인주의적인 작품이 특징이다.

## 7

생각해보면 내 고교 시절에는 1차 세계대전이 한창이었다. 여기서는 '생각해보면'이라는 표현이 정확하다. 다시 말해 감수성이 가장 예민한 청년기에 엄청난 사건을 만났으면서도 생각해보지 않으면 금방 떠올리지 못할 정도로 전쟁으로 받은 직접적인 정신적 영향이 적었다는 얘기다. 나뿐 아니라 많은 청년들이 그랬을 것으로 본다. 그러니 러일전쟁 때 전쟁이 벌어진 줄도 모르고 연구실 생활을 하던 대학자가 있었다는 거짓말 같은 일도 충분히 있을 법하다. 내가 세계대전을 직접 경험한 것은 오히려 그 후인 1922년 유럽에 갔을 때였다. 현재의 전쟁과는 양상이 전혀 다르다. 근대 전쟁은 현실적이다. 이러한 성질은 모든 사람을 끌어들여서 아무도 권외에 있지 못하게 하는 모습에서 나타난다. 그런 의미에서 기계적인 필연성이 있다. 이에 반해 예전에는 전쟁조차 유기적이었다, 아니 낭만적이었다. 물론 현재도 전쟁에는 어느 정도 낭만주의가 필요하다. 그럼에도 불구하고 근대 전쟁은 본질적으로 현실적이다. 근대 전쟁의 이러한 성질을 깊이 생각하는 것은 무척 중요한 일이다.

1차 세계대전이라는 큰 사건을 겪고도 우리는 정치에 완전히 무관심했다. 아니, 무관심할 수 있었다. 이윽고 우리를 지배한 것은 뜻밖에도 '교양'이라는 사상이다. 그것은 정치를 경멸하고 문화를 중시하는 반정치적 또는 비정치적 경향의 문화주의에 속했다. 이 '교양'이라는 사상은 문학적, 철학적이었다. 문학과 철학을 특히 중시하고 과학과 기술 같은 종류는 '문화'에 속하지 않고 '문명'에 속하는 것으로 보고 경시했다. 달리 말해 1912~1926년 다이쇼大正 시대의 교양 사상은 그 이전인 1868~1912년 메이지 시대의 계몽사상—후쿠자와 유키치 등이 대표적이다—에 대한 반작용으로 일어났다. 이것이야말로 일본에서 '교양'이라는 말이 가진 역사적 함의이자, 언어가 역사를 벗어나서 존재하지 않는 이상 오늘날에도 주의해야 할 사실이다. 교양 사상이 대두된 시대에 고등학교 시절을 보낸 셈인데, 비정치적이고 현실 문제에 관심을 두지 않았을 뿐, 그만큼 고전을 훨씬 중시한다는 것이 장점이었다. 일본의 교양 사상에 큰 영향을 미친 사람은 케벨 박사로, 강력하게 주장한 학자는 모두 케벨 박사의 제자들이었다. 그런 연유로 나도 고교 시절 후반에 비교적 많은 고전을 읽었다. 단테의 《신곡》이라든가 괴테의 《파우스트》등, 어렵고 이해가 안 가는 대목도 많았지만 아무튼 열심히 읽었다. 파우스트는 독일어 시간에, 지금은 고인이 되신 미나미 료三並良 선생님에게 배우기도 했다. 독일어 시험에 독일어로 파우스트론을 쓰라는 문제가 나왔는데, 나는 파우스트에 등장하는 바그너라는 인물에 대해 논했다. 내 답변이 출중하다며 칭찬을 들은 후로 미나미 선생님이 살갑게 챙겨준 일도 있다. 특히 영향을 받은 책이라고 하면 니체의 《차라투스트라는 이렇게 말했다》가 아닐까. 나중에 단행본으로 발간된 아베 지로 씨의 《차라투스트라 해석》도 〈사조〉에 실렸을 때 열심히 읽은 글 중 하나다. 고전이라는 관념의 영향을 받은 내 독서의 폭과 양은 당시의 내 독서 능력이 빈약했던 탓에 국한될 수밖에 없었다. 일본 문학 중에서는 그 무렵부터 점차 독서가들 사이에서 확고부동한 지위를 차지한 나쓰메 소세키의 작품을 비교적 많이 읽었다. 이 또한 당시 교양 사상의 강력한 주창자들 대부분이 나쓰메 소세키의 문하였다는 사실에서 받은 영향도 있을 듯하다. 어쨌거나 고등학생 때의 나는 결코 다독가가 아니었다. 그 시절 독서가로 유명했던 친구는 로야마 마사미치蠟山政道 군이었다. 그가 오쿠마 시게노무大隈重信가 회장으로 있던 대일본문명협회에서 펴낸 서양 학술서의 모든 번역물을 읽었다는 소문이 돌았다. 지금도 로야마 군을 볼 때면 매일 학교 도서관에 드나들던 그때의 모습이 떠오른다.

당시 독서에 얽힌 일화가 하나 있다. 시오노야 온[60] 선생님—그의 부친 아오야마青山 선생님에게 한문을 배웠다—댁에서 열린 《자치통감》[61]을 읽는 작은 모임에 참여한 것이다. 이 모임을 주도한 인물은 나보다 한 학년 어린 구라이시 다케시로[62] 군이었다. 구라이

---

60 　시오노야 온(塩谷溫). 일본의 한학자.
61 　자치통감(資治通鑑). 중국 북송의 사마광이 1065년 영종의 명으로 연대순으로 정리해 편찬한 역사서.
62 　자치통감(資治通鑑). 중국 북송의 사마광이 1065년 영종의 명으로 연대순으로 정리해 편찬한 역사서.

시 군은 현재 교토대학 중국학 교수로, 얼마 전 그에게서 그의 저서 《중국어 교육의 이론과 실제》를 받고 문득 그 독서회가 떠올랐다. 회원은 구라이시 군 말고도 마쓰야마松山고등학교의 가와바타 시무야川畑思無邪 군, 도쿄의 여러 대학에서 인도 철학을 가르치는 야마모토 가이류山本快龍 군, 그리고 우리 반에서는 데라사키 슈이치와 내가 참가한 것으로 기억한다. 우리는 일주일에 한 번 기숙사에서 저녁 식사를 마치고 고이시카와小石川의 시오노야 선생님 댁으로 걸어갔다. 책 읽기가 끝나면 늘 군고구마를 먹으며 잡담을 나누곤 했다. 그 무렵부터 구라이시 군은 한문을 무척 잘 읽었다. 얌전하면서도 어딘가 의연한 구석이 있었다. 그랬던 그가 최근 한문에 기호를 붙여 일본식으로 읽는 것에 반대해 원래 중국어 발음으로 읽을 것을 주장하며 중국어 교육을 위한 레코드를 제작하고 있다고 한다. 재미있는 일이다.

독서회에 얽힌 얘기가 또 하나 있다. 고등학교 3학년 때 내가 앞장서서 철학서 독서회를 만든 적이 있다. 빌헬름 빈델반트[63]의 《프렐루디엔Präludien(서곡)》 중 〈철학이란 무엇인가〉의 강독을 하야미 히로시[64] 선생님에게 부탁했다. 회원은 스무 명 남짓 되었을까. 세계대전의 영향으로 독일 책을 손에 넣기가 불가능할 때여서 등사

---

63  구라이시 다케시로(倉石武四郎, 1897~1975), 일본의 중국어 학자, 중국 문학자.

64  하야미 히로시(速水滉, 1876~1943), 일본의 심리학자.

기로 인쇄해 책을 마련했다. 대학에서 철학을 전공하기로 결심했을 때였다. 오랫동안 고민하던 내가 마음을 정한 계기는 니시다 기타로 교수님의 《선의 연구》를 읽고 나서다. 이 일에 대해서는 따로 적었으니 더는 언급하지 않겠다. 미야지마 도시오를 따라 구와키 겐요쿠[65] 선생님을 처음 찾아뵌 것도 그 무렵이다. 미야지마는 훗날 도쿄대 철학과에 진학했다. 안타깝게도 오랫동안 병마에 시달린 끝에 작년에 세상을 떠나고 말았다. 비보를 접하고 구와키 선생님을 만났을 때 미야지마에 대한 얘기가 나와서 옛 기억이 떠올랐다. 고등학교를 졸업할 때 그가 준 레클람Reclam 출판사의 쇼펜하우어 전집은 나에게 귀중한 선물이다. 당시 미야지마는 쇼펜하우어에 심취해 있었다. 그 친구뿐 아니라 그 시기의 청년들 대부분이 그랬다.

마침 일본 철학서 출판의 새 시대를 연 이와나미 《철학 총서》가 출간되기 시작한 때였다. 우리도 기히라 다다요시[66] 씨의 《인식론》이며 미야모토 와키치[67] 씨의 《철학개론》 같은 책을 제대로 이해도 못한 채 몇 번이고 읽었다. 하야미 선생님의 《논리학》은 학교에서 그의 수업 시간에 교과서로 쓰였다. 그러니 나의 철학 공부는 이

---

**65** 구와키 겐요쿠(桑木嚴翼, 1874~1946). 일본의 철학자.

**66** 기히라 다다요시(紀平正美, 1874~1949). 일본의 철학자. 일본 헤겔 연구의 선구자.

**67** 미야모토 와키치(宮本和吉, 1883~1972). 일본의 철학자.

와나미《철학 총서》와 함께 시작된 셈이다. 고교 시절 그 방면에서 내가 가장 많이 읽은 책은 심리학과 논리학이었다. 대학에서 철학을 전공하려면 고등학교 때부터 논리와 심리를 제대로 공부해두어야 한다는 얘기 때문이기도 했지만, 하야미 선생님에게 감화를 받아서 보게 된 것도 있다. 다이이치고등학교 선생님 중 내가 가장 영향을 많이 받은 사람은 하야미 선생님이다. 선생님의 저서《현대 심리학》은 내가 열중한 책 중 하나로 상당히 좋은 글이었다. 철학을 전공하려면 뭐든 원서로 읽는 연습을 해야 한다는 말을 들었지만, 전쟁 탓에 독일어 원서가 들어오지 않아서 주로 영어 책을 읽어야 했다. 게다가 철학은 독일이 최고라는 말을 익히 들은 터라 영어 원서는 자연스레 심리와 논리 서적을 읽게 되었다. 당시 다이이치고등학교 학생은 혼고[68]에서 니혼바시(日本橋)의 마루젠까지 걸어가곤 했는데, 그런 식으로 구해 읽은 책 가운데 지금도 간직하고 있는 것으로는 미국의 철학자이자 심리학자인 윌리엄 제임스William James의《심리학의 원리》, 영국의 철학자이자 경제 사상가인 존 스튜어트 밀John Stuart Mill의《논리학 체계》등이 있다. 하지만 그 시절 일본 사상계에서는 독일 학문이 압도적이었다. 심리학 방면에서는 독일 심리학자 빌헬름 분트Wilhelm Wundt가 가장 유명했다. 나도

---

**68** 혼고(北鄉). 현재의 도쿄 분쿄(文京)구 동부.

하야미 선생님이 번역한 분트의《작은 심리학》부터 스도 신키치[69] 씨가 번역한 분트의《심리학》등의 책을 읽고 헌책방에서《심리학 요강》의 원서를 구해 공부했다. 철학에서는 빈델반트를 비롯한 신 칸트학파 철학이 대중적으로 유행하기 시작한 때였다. 어느 날인 가 가시와기(柏木)에 있는 미나미 선생님 댁을 찾아갔더니 철학을 하 려면 칸트를 공부해야 하고 칸트를 공부하려면 헤르만 코헨(Hermann Cohen)의 칸트론을 읽어야 한다며, 벽난로 선반 위에 놓여 있던 코헨 의 칸트 책 세 권을 보여주었다. 그런 시대였던 관계로, 전쟁 탓에 독일 책이 들어오지 않게 되자 일본 학문 쇠퇴론이 제기되기도 했 다. 그런 견해를 공공연하게 언급한 사람 때문에 문제가 된 적도 있지만, 학자들 대부분은 정말 그렇게 된다고 믿지는 않은 듯하다. 어쨌거나 1차 세계대전이 직접적으로 나에게 미친 영향이 있다면 독일어 책을 구할 수 없었다는 것 정도다. 지금은 상상조차 할 수 없는 일이다.

---

**69** 스도 신키치(須藤新吉, 1881~1961). 일본의 철학자.

## 8

대학 생활 3년간 나는 줄곧 시모가모下鴨의 하숙집에서 지냈다. 다데구라초夢倉町라는 곳으로, 당시에는 근방에 집이 별로 없어서 밖으로 나가면 바로 히에이比叡산이 보였다. 처음 그 하숙집에 간 9월 중순에는 색비름의 선명한 색이 무척 인상 깊었는데, 그 집에서는 매년 아름다운 색비름을 키웠다. 나는 하숙집을 '색비름 집'이라고 불렀다. 지금도 색비름을 보면 하타八田라는 문패가 걸린 하숙집이 떠오른다. 그해 교토대학 철학과에 입학한 사람은 히로시마 고등사범학교를 나온 하야시 레이지로(林礼次郎, 원래 성은 모리카와)와 나 두 사람이었다. 얼마 후 모리카와도 내 하숙집으로 이사 와서 나처럼 졸업할 때까지 그곳에서 지냈다. 학교에 갈 때면 대개 둘이서 가모加茂 숲을 지나다녔다.

대학 시절 읽은 책 가운데 가장 큰 영향을 받은 것은 당연히 니시다 기타로 교수님의 저서다. 마침 내가 입학한 해 가을 《자각에 대한 직관과 반성》이 출간되었다. 그 후에도 잇따라 잡지 〈철학 연구〉에 많은 논문을 발표했다. 나는 선생님의 글을 읽고 가능하면 그 속에 인용된 책을 직접 보며 공부하기로 했다. 당시 교수님의 논문 속에는 각양각색의 책이 등장했다. 자연스레 내 철학 공부도 다방면으로 넓어졌다. 교수님은 다양한 철학을 소개했는데, 교수님의 손을 거치면 죄다 재미있게 느껴져 읽고 싶은 마음이 생겼다.

이렇게 해서 나는 칸트에서 헤겔에 이르는 독일 고전 철학을 시작으로 바덴학파와 마르부르크학파의 신칸트 철학, 마이농Meinong의 대상對象론, 브렌타노Brentano의 심리학, 로체Lotze의 논리학 등 다방면의 책을 읽으려고 애썼다. 아우구스티누스와 라이프니츠의 이름도 빼놓을 수 없다. 가장 많이 읽은 책이 무엇이냐고 묻는다면 2학년 때는 라이프니츠에 대한 보고서를 작성했고 졸업 논문은 〈비판철학과 역사철학〉이라는 제목으로 칸트에 대해 썼으므로 이 두 사람의 저서를 비교적 많이 읽었다고 볼 수 있다. 하지만 딱히 뭔가를 공부했다고 하기는 그렇고 니시다 교수님을 따라 다양한 책을 읽은 것 자체가 대학 생활 3년간 주로 한 공부였다.

그때 읽은 책 중 깊은 영향을 받은 것은 신칸트학파 철학이었다. 의식해서가 아니라 어느 틈엔가 그렇게 되었다. 하루는 철학회 정례 모임에서 얘기를 마친 선배 쓰치다 교손[61] 씨에게 질문을 했다. 무슨 질문이었는지는 기억나지 않지만, 내가 쓰치다 씨와 토론을 벌이는 바람에 모임은 좀처럼 끝나지 않았다. 결국 쓰치다 씨가 모임에 나온 니시다 교수님을 돌아보며 물었다. "교수님은 어떻게 생각하십니까?" 그러자 교수님은 "자네 생각은 현상학에 가깝고 미키 생각은 신칸트학파 쪽이군. 둘 중 어느 쪽이 좋은가, 어려운 문제야." 이런 식으로 답했다. 이때 비로소 내가 신칸트학파적으로 사고한다는 것을 깨닫고 나도 모르게 깊은 영향을 받았다는 사실에 적잖이 놀랐다.

신칸트학파에서 많은 영향을 받은 이유가 고등학교 시절 독서회에서 빈델반트를 읽은 때문이기도 하겠지만, 그 시절 일본 철학의 일반적 경향과도 관련이 있다. 앞서 언급했듯이 내가 대학에 입학한 1917년은 니시다 교수님의 획기적인 저서 《자각에 대한 직관과 반성》이 나온 해이기도 하다. 같은 해에 구와키 겐요쿠 선생님의 명저 《칸트와 현대 철학》이 출간되었다. 칸트 철학 입문서로 열심히 읽은 책이다. 바로 전해에는 도모나가 산주로 교수님의 명저 《근대의 〈자아〉 자각사自覺史》가 발간되었다. 다이이치고등학교에 다닐 때 감격하며 읽은 책으로 신칸트학파 입장에 속한다. 또한 1917년 말에는 리케르트의 제자, 소다 기이치로[71] 교수님의 《경제 철학의 문제들》이 나왔다. 이 또한 잊을 수 없는 책이다. 그때부터 소다 박사님의 영향으로 일본의 젊은 사회과학자, 특히 경제학자들 사이에 철학이 유행하면서 모두가 빈델반트, 리케르트의 이름을 언급하게 되었다. 이른바 신칸트학파 전성시대였다.

나는 소다 교수님의 책을 읽고 철학이 다른 과학과 교류해야 한다고 생각하게 되었다. 경제학자들의 글에 주목하기 시작한 것도 그 무렵부터다. 당시에 읽은 책 중 가장 인상 깊었던 것은 오타루小

---

**70**  쓰치다 교손(土田杏村, 1891~1934), 일본의 철학자, 논평가.

**71**  소다 기이치로(左右田喜一郎, 1881~1927), 일본의 경제학자, 경제철학자, 신칸트주의자.

高등상업학교 교수로, 뛰어난 재능에도 불구하고 안타깝게 젊은 나이에 세상을 떠난 오니시 이노스케[72] 씨의《사로잡힌 경제학》이다. 훗날 소다 박사님의 주도로 출간된《오니시 이노스케 경제학 전집》은 나도 소장하고 있다. 소다 교수님은 내가 대학원생일 때 교토대학에 강의를 하러 오신 적이 있다. 그때 처음 그분을 뵙고 학문에 대한 순수한 사랑에 감동했다. 그 후 독일에서 유학한 나는 리케르트 교수님의 세미나에 참여해서 소다 박사님의 리케르트 비평에 대해 보고했는데, 리케르트 교수님과 소다 박사님 모두 반가워했다. 그 일로 소다 교수님과 인연을 맺고 교수님이 작고한 뒤에도 그분의 애제자인 혼다 겐조本田謙三 군과 가깝게 지냈다. 장래가 촉망되던 혼다 군도 지난해에 세상을 떠났으니 애석한 일이다. 역시 교수님의 애제자인 스기무라 고조杉村廣藏의 이웃에 살며 친분을 쌓게 된 것도 소다 교수님과의 인연 덕분일까.

## · 9 ·

교토대학 교수들에게 여러 가지로 영향을 받았지만, 특히 내가

---

**72** 오니시 이노스케(大西猪之介. 1888~1922). 일본의 경제학자. 경제철학. 경제사상사가 전공이다.

입학한 해에 도쿄대학의 하타노 세이이치 교수님이 종교학 교수로 온 것은 행운이었다. 《서양 철학사 개요》, 《스피노자 연구》, 《기독교의 기원》 같은 저서로 교수님의 이름은 익히 알고 있었다. 당시 교수님의 사상도 신칸트학파와 비슷했던 모양이다. 그분은 가장 교수다운 교수였다. 교수님은 역사 연구가 얼마나 중요한지에 대해 심도 있게 가르쳐주었다. 또한 서양 철학을 공부하려면 이른바 영원한 원류인 그리스 철학과 기독교를 꼭 연구해야 한다고 깨우쳐준 것도 교수님이었다. 그 영향으로 나는 그리스어를 공부하기 시작했다. 사전과 씨름하며 플라톤을 읽는다거나 기독교 문헌을 눈여겨보게 되었다. 지금까지의 나 자신을 돌아보니 사상 면에서는 니시다 교수님에게 받은 영향이 가장 컸고, 연구 면에서는 하타노 교수님에게서 가장 많은 영향을 받은 듯하다. 내가 역사철학을 중심으로 공부하고, 아리스토텔레스 등의 연구에 관심을 갖게 되고, 파스칼 등의 인물에 대한 글을 쓴 것도 알고 보면 하타노 교수님에게 감화를 받았기 때문이다.

2학년 때 다나베 하지메 교수님이 도호쿠대학에서 교토대학으로 온 것도 내가 성장하게 된 계기였다. 독일 관념론 철학을 깊이 이해하게 된 것은 교수님 덕분이다. 교수님은 내 생각을 단련해주었다. 지금은 고인이 된 후카다 야스카즈[7] 교수님에게는 다른 영향을 받았다. 후카다 교수님은 케벨 박사님의 전통을 가장 순수하게 이어받은 분으로, 그분을 통해 참된 교양인을 접했다. 당시 프

랑스 사상에 홍미를 가진 교수님을 찾아가서 이폴리트 텐Hippolyte
Adolphe Taine이나 아나톨 프랑스Anatole France, 조르주 상드George Sand, 귀스타
브 플로베르Gustave Flaubert, 페르디낭 브뤼티에르Ferdinand Brunetière 등 많은
프랑스인에 대해 얘기를 나눴다. 프랑스 문학과 사상을 동경하고,
유학을 떠나서도 파리에 가려고 한 것은 후카다 교수님에게 감화
를 받았기 때문이다.

내 청년 시절은 문학과 사상 면에서 자연주의에 대한 반작용으
로 또는 자연주의를 넘어서 휴머니즘이 등장한 시기였다. 나는 그
런 흐름 속에서 성장했다. 휴머니즘에는 넓은 의미가 있고 그것은
다양한 형태로 나타났다. 크건 작건 나는 그 모든 것에 영향을 받
았다.

먼저 교양이라는 관념이 생겨났다. 이 방면에서는 이미 고등학
교 때 아베 지로 씨의 저서에서 영향을 받았지만, 대학생이 되고
나서는 하타노 교수님과 후카다 교수님의 강의, 특히 담화와 그분
들의 인격에 큰 감동을 받았다. 가끔 두 교수님 댁을 찾아가서 친
밀하면서도 편안하게 얘기를 나눈 시간은 대학 생활의 즐거운 추
억이다.

이윽고 휴머니즘은 한층 종교적인 형태로 나타났다. 니시다 덴

---

73  후카다 야스카즈(深田康算, 1878~1928). 일본의 미학자. 교토대학교 교수.

코 씨의 잇토엔 운동, 구라타 햐쿠조 씨의 문학이 그것이다. 나도 영향을 받았지만 일시적이었다.

　세 번째는 시라카바파로 무샤노고지 시네아쓰[74] 씨의 새마을 운동이 이에 속한다. 교토대학 철학과에 진학한 다이이치고 출신의 다니가와 데쓰조谷川徹三, 히다카 다이시로日高第四郎, 그리고 가쿠슈엔學習院 미학을 전공한 소노이케 긴나루薗池公功 같은 친구들이 시라카바파 사람들과 가깝게 지냈다. 나도 그들에 이끌려 새마을 강연회를 들은 적이 있다. 무샤노고지 씨의 문학은 예전부터 즐겨 읽었다. 아리시마 다케오 씨가 월트 휘트먼[75]을 자주 언급한 때였다. 아리시마 씨는 가끔 교토의 도지샤同志社대학으로 와서 학생들을 가르치곤 했는데, 다니카와에게 이끌려 아리시마 씨가 머물던 숙소에 찾아간 적도 있다. 나도 한때는 아리시마 씨의 열렬한 독자였다. 다이이치고등학교 출신인 오다 히데토도 시라카바파에 심취해 있었다. 아리시마 씨와 가까이 지낸 사람으로는 다이이치고 출신으로 교토대학 경제과 소속인 야기사와 요시지八木澤善治가 있었다. 아리시마 씨가 점차 인도주의적 사회주의 쪽으로 넘어갈 즈음이었

---

74　무샤노코지 사네아쓰(武者小路實篤, 1885~1976), 일본의 소설가, 시인, 극작가, 화가.

75　월트 휘트먼(Walt Whitman, 1819~19892), 미국의 시인. 목수이자 민중의 대변인으로 혁신적인 작품을 통해 민주주의 정신을 시로 표현했다.

다. 교토대학 경제과의 가와카미 하지메[76] 박사는 이토 쇼신[77] 씨의 사욕 없는 사랑無我愛에 열중한 적이 있다고 하는데, 아직 인도주의적 사회주의에서 크게 벗어나지 않은 때였던 모양이다. 휴머니스트의 관심이 사회 문제로 바뀌었다는 것은 주목할 만한 점이다.

네 번째로 휴머니즘의 경향이 학구적인 사람들 사이에서 '교양'이라는 관념이 '문화'라는 관념으로 바뀌면서 '문화주의' 같은 말도 생겨났다. 그 밑바탕에는 신칸트학파의 가치철학, 문화철학이 있었다. 구와키 교수님과 소다 교수님 같은 분이 대표적인 철학자였다. 그 무렵 '문화 주택' 또는 '문화촌' 따위의 1900년대 전반 다이쇼 시대 상징 중 하나인 싸구려 문화주의가 철학자의 의도와는 별개로 유행했다.

사상 면에서 휴머니즘의 흐름은 다른 경향으로도 존재했다. 신칸트학파의 전성기 전에 널리 유행한 월터 오이켄[78], 앙리 베르그송[79]의 '생의 철학'이 그것이다. 생의 철학은 신칸트학파가 전성기

---

76  가와카미 하지메(河上肇, 1879~1946), 일본의 경제학자. 교토대학에서 마르크스 경제를 연구하다가 교수직에서 물러나 공산주의를 실천한다.

77  이토 쇼신(伊藤証信, 1876~1963), 진종 오타니파 승려. '사욕 없는 사랑' 운동을 추진해 많은 지식인과 청년층에 영향을 미쳤다.

78  월터 오이켄(Walter Eucken, 1846~1926), 독일의 철학자, 경제학자. 《생의 철학》을 대표하는 학자로 꼽히며 이상주의 철학을 발전시켰다.

79  앙리 베르그송 (Henri Bergson, 1859~1941), 프랑스의 철학자. 프랑스 유심론(唯心論)의 전통을 계승하는 한편 C. R. 다윈, H. 스펜서 등의 진화론의 영향을 받아 생명의 창조적 진화를 주장했다.

에 이른 후에도 흔들리지 않았다. 니시다 교수님의 철학 등도 여기에 속한다.

당시의 나는 굳이 말하자면 학구파였다. 오이켄, 베르그송의 시대에도 나는 거기에 속해 있지 않았다. 하지만 니시다 교수님에게 영향을 받아 생의 철학과 이어져 있었다. 베르그송은 수업 시간에 니시다 교수님에게 《창조적 진화》를 배운 것을 계기로 그의 저서를 읽었지만, 오이켄은 그 후에도 거의 읽지 않았다. 읽으려고 했다가도 중간에 그만두고 말았다. 다이이치고교에서 교토대학으로 진학한 친구로는 다니카와 주소, 오다 히데토 같은 문학파가 대부분이었다. 하야시는 나와는 달리 후카다 교수님과 하타노 교수님 등의 교양을 이상으로 삼았지만, 다니가와와 오다는 사상 면에서도 생의 철학에 속해 있어 나도 어느 정도 영향을 받았다. 대학교 3학년 때 1년 가까이 열심히 시를 지은 적이 있다. 생의 철학 쪽에서 내가 가장 자주 읽은 책은 게오르크 짐멜[80]이었다. 그의 철학이 문화철학과 역사철학에서 가장 자주 언급되었기 때문이다.

---

[80] 게오르크 짐멜(Georg Simmel, 1858~1918). 독일의 철학자, 사회학자. 신칸트학파의 영향을 받아 상대주의 철학으로 임관했으며 '생의 철학'의 입장을 고수했다.

## · 10 ·

1920년 대학을 졸업한 나는 대학원에 입학했다. 연구 주제는 역사철학이었다. 원래 역사를 좋아하긴 했지만 마침 일본 역사학도 활발하게 움직일 때여서 연구하는 데 자극이 되었다. 내가 보기에 이 움직임은 두 방향으로 나타났다. 하나는 정치사에서 문화사로의 움직임이다. 독일 사학계에서 늘 논쟁을 불러일으킨 '정치사 대 문화사'의 문제가 일본에 들어와서 역사의 새로운 방향과 방법으로 정치사에 대비되는 문화사가 제기되었다. 그중에서도 와쓰지 데쓰로 씨의 활동이 일반 청년들의 눈길을 사로잡았다. 카를 람프레히트[81]의 《근대 역사학》은 와쓰지 씨의 번역으로 소개되었다. 내가 졸업하기 한 해 전 늦은 가을이었다. 자동차 사고 때문에 마쓰야마 병원에 입원해 있을 때 다나베 하지메 교수님이 신간을 들고 문병을 와서 선명하게 기억한다. 와쓰지 씨의 저서 《옛 사원 순례》(1919년)와 《일본 고대 문화》(1920년)는 신선함 때문에 널리 읽혔는데, 나에게도 무척 흥미로웠다. 하지만 당시 교토대학에서 우치다 긴조 교수님이 전문가로 일본 경제사와 기타 분야에서 훌륭한 일을 하시는 모습을 주시하지 않은 것이 못내 후회스럽다. 또 하나의

---

81  카를 람프레히트(Karl Gottfried Lamprecht, 1856~1915). 독일의 역사가.

움직임은 세계사로의 변화다. 여기서 더 많은 영향을 받았다. 특히 사카구치 다카시[82] 교수님의 《세계 그리스 문명의 조류》(1917년)는 잊을 수 없는 책이다. 교수님의 《개관 세계사조》가 출간되었을 때 나는 이 책을 소개하는 글을 〈철학 연구〉에 실었다. 대학원생일 때 교수님이 르네상스 시대의 이탈리아사 강의를 들은 것도 추억 중 하나다. 또한 하타노 세이이치 교수님에게 세계사적 관점에 대해 많은 것을 배웠다. 당시 교토대학 문과에는 우치다 교수님과 사카구치 교수님 말고도 나이토 고난, 하라 가쓰로[83], 미우라 히로유키[84] 등 많은 교수님이 있었다. 그야말로 사학과의 전성기였다. 전공 때문이기도 하지만 사카구치 교수님을 제외한 다른 교수님에게 직접 배우지 못한 것이 아쉽다. 요즘 그 교수님들의 저서를 펼칠 때마다 아쉬움이 더해간다.

그즈음 일본 철학계도 점차 역사철학 문제에 관심을 가지기 시작했다. 빈델반트, 리케르트 등 신칸트학파의 영향이 컸다. 그에 따라 당시 역사철학에서 문제가 된 것은 주로 역사 인식 관련 방법론, 인식론의 형식, 논리 문제였다. 헤겔이 생각한 것처럼 세계사의 철학에서 드러난 내용적 역사철학이 아니었다. 딜타이[85]의 연구

---

**82** 사카구치 다카시(坂口昂, 1872~1928). 일본의 서양사학자. 고대 그리스·로마사가 전문이다.

**83** 하라 가쓰로(原勝郎, 1871~1924). 일본의 역사학자.

**84** 미우라 히로유키(三浦周行, 1871~1931). 일본의 역사학자, 법제사 연구자.

**85** 빌헬름 딜타이(Wilhelm Dilthey, 1833~1911). 독일의 철학자. 생의 철학의 창시자.

에 어떤 의미가 있는지도 대중에게 충분히 알려지지 않은 때였다. 나도 신칸트학파를 통해 역사철학을 연구하게 되었으니 말이다. 빈델반트의 《프렐루디엔》, 리케르트의 《자연과학적 개념 형성의 한계》와 《문화과학과 자연과학》을 시작으로 짐멜의 《역사철학의 문제들》 등과 《역사주의와 그 문제들》에 실린 트뢸치[86]의 논문을 잡지에서 찾아 공부했다. 특히 트뢸치의 책이 도움이 되었다. 당시 멜리스Georg Mehlis의 《역사철학 교과서》가 평이 좋아 학교 연구실에 빌리러 갔지만, 가는 족족 허탕을 쳤고 결국 한참 후에 해외에서 주문한 책이 도착했다. 그런데 막상 읽어보니 기대에 못 미쳐서 실망한 적이 있다. 평판이 좋다고 꼭 괜찮은 책은 아니다, 라는 좋은 예다. 평이 좋은 이유는 다양하며 내용의 질만으로 평가되지는 않는다. 딜타이의 《정신과학개론》도 읽고 싶었지만 절판이 되는 바람에 구하기가 어려웠다. 훗날 독일로 유학 갔을 때 베를린에서 처음 책방에 들렀다가 이 책의 개정판을 발견하고 뛸 듯이 기뻐 호텔에서 탐독한 기억이 떠오른다. 그 무렵 역사가의 작품 중에는 람프레히트, 부르크하르트Jakob Burckhardt, 랑케Leopold von Ranke 등의 작품을 읽었다.

일본의 신칸트주의는 일본 사회의 실정 때문에 성질이 특수했

---

86  에른스트 트뢸치(Ernst Troeltsch, 1865~1923). 독일의 프로테스탄트 신학자, 종교철학자.

다. 순수한 신칸트주의라 할 만한 사람은 경제학자이자 철학자, 은행가였던 소다 기이치로 교수님 정도가 아닐까 생각한다. 그 밖에 구와키 겐요쿠, 도모나가 산주로 교수님이 순수한 신칸트주의에 들지 않을까. 일반적으로는 신칸트학파를 통해 칸트로 회귀하면서 동시에 칸트 이후의 이른바 독일 낭만주의 철학으로 연결되는 경향이 짙었다. 즉, 신칸트학파의 인식론적 입장에 머물지 않고 형이상학으로 가는 경향이 강했다. 사회적 관점으로 보면 일본에서 순수한 자본주의와 자유주의가 발달되지 않았기 때문이다. 아무튼 내가 역사철학을 연구할 때에도 신칸트학파에서 출발해 피히테, 셸링, 헤겔 등 독일 낭만주의 철학 순으로 진행했다. 특히 셸링의 철학에 공감했는데, 슐라이어마허Friedrich Daniel Ernst Schleiermacher의《종교론》과《독백》은 감격하며 읽은 책이다. 청춘의 낭만을 채우려는 마음도 작용하지 않았을까.

그런데 내가 평화롭게 학교생활을 하는 동안 바깥 사회에서는 큰 변화가 일어나고 있었다. 1차 세계대전을 계기로 일본 자본주의는 눈부시게 발전했지만 내가 대학을 졸업한 1920년은 유례없는 대공황이 덮친 해로 기억한다. 이런 변화에 따라 사상계에도 새로운 현상이 나타났다. 1918년 말 도쿄대학에는 신인회新人會라는 단체가 출범했다. 〈개조改造〉―당시의 사회상이 엿보이는 이름이다―가 창간된 시기는 1919년이었을 것이다. 같은 해 하세가와 뇨

제칸[87], 오야마 이쿠오[88] 씨 등이 〈우리들〉을 창간했다. 특히 주목 받은 것은 〈중앙공론中央公論〉을 통한 요시노 사쿠조[89] 박사의 활약 이었다. 나도 이 잡지들을 매달 보고 있었기에 변화의 물결이 다가 오고 있음을 강하게 느꼈다. 교토는 비교적 조용했지만 《가난 이 야기》로 유명해진 가와카미 하지메 박사에 대한 학생들의 관심은 날로 커져갔다.

이러한 움직임에 관심이 없진 않았지만, 그 속에 들어가고 싶지 는 않았다. 잇토엔이며 '새마을' 운동 같은 것도 그리 흥미롭지 않 았다. 그로부터 수년간 폭풍전야의 고요함을 맛본 셈이다. 당시 나 는 고전파 또는 교양파였고, 그리스 비극을 자주 읽었다. 그로트 George Grote의 《그리스사》와 부르크하르트의 《이탈리아 문예부흥기 의 문화》를 읽으며 단테와 레오나르도 다 빈치에 빠져 있었다. 그 런 점에서 하야시 다쓰오와 가장 마음이 잘 맞았다. 교토대학 시절 을 통틀어 내가 가장 열심히 읽은 문학은 시였다. 그 무렵 아리시 마 다케오 씨 등의 영향으로 휘트먼이 유행했다. 《풀잎》은 잊을 수 없는 시집이다. 보들레르, 베르하렌, 괴테와 하이네 등도 좋아했지

---

**87** 하세가와 뇨제칸(長谷川如是閑 . 1875~1969). 일본의 저널리스트, 문명비평가, 평론가, 작가. 3,000 여 개의 신문기사, 평론, 에세이, 희곡, 소설, 기행문 등을 집필했다.

**88** 오야마 이쿠오(大山郁夫. 1880~1955). 일본의 정치가, 정치학자.

**89** 요시노 사쿠조(吉野作藏. 1878~1933). 일본의 정치학자, 사상가.

만 내가 특히 사랑한 시인은 프랑시스 잠[90]이었다. 일본의 시라카바파 시인에게 받은 영향도 있다. 센케 모토마로千家元麿를 좋아했는데, 얼마 전에는 가이조 문고의 《센케 모토마로 시집》을 들고 도호쿠 여행길에 올라 '차 소리' 같은 시를 읽으며 당시를 추억했다. 늘 종교 서적 하나쯤은 읽고 있었지만, 그 무렵 가장 깊은 감명을 받은 것은 프란체스코의 《작은 꽃》이다. 요르겐센의 프란체스코전傳을 번역한 구보 마사오久保正夫씨—덴즈이 씨 동생—는 도쿄에서 교토 대학원으로 옮겨와 우리와 어울렸다. 그 구보 씨도 이미 이 세상에 없다.

대학 졸업과 동시에 시모가모에서 기타시라카와北白川로 하숙집을 옮겼다. 기타시라카와의 하숙집에는 〈가이조〉의 특파원으로 교토에 머물던 하마모토 히로시浜本浩 씨가 자주 찾아왔다. 잡지 원고를 의뢰할 생각이었던 모양이지만, 궁핍한 생활을 했음에도 나는 내키지 않았고 하마모토 씨도 강권하지는 않았다. 나는 원고료를 벌 생각이 없었다. 나뿐 아니라 그 시대 학생들은 대개 그랬다. 요즘과는 세상도 다르고 청년 학도의 사고방식도 딴판이었다. 기타시라카와의 하숙집에 찾아온 이들 중 잊을 수 없는 사람이 하나 있다. 바로 미쓰치 고조—주조忠造 씨의 아들—다. 미쓰치는 뛰어

---

**90** 프랑시스 잠(Francis Jammes, 1868~1938). 신고전파 프랑스 시인. 주요 저서로 《그리스도교의 농목시》, 《새벽종으로부터 저녁종까지》 등이 있다.

난 수재로 사람 자체도 상당히 별나서 장차 큰 인물이 되리라 예상했다. 그런데 미쓰치가 오무라大村서점에서 출간한 잡지 〈강좌〉에 키에르케고르론만 남기고 스스로 목숨을 끊었으니 애석하기 짝이 없다.

앞서 언급했듯이 도쿄에서는 새 시대의 움직임이 활발했지만 교토는 아직 잠잠했다. 베토벤통을 자처하는 구보 씨가 오고 나서 우리는 음악에 대해 자주 얘기했다. 히다카 다이시로 군 등도 베토벤을 숭배했다. 이런 영향으로 나는 로맹 롤랑Romain Rolland의 《베토벤》을 읽고 작가에 매력을 느껴 그의 저서 《미켈란젤로》와 《톨스토이》, 이어서 《장 크리스토프》를 읽었다. 베토벤, 하면 떠오르는 일이 있다. 하이델베르크의 첫 하숙집 안주인이 독일어 공부를 위해 소개해준 박사―이름은 기억나지 않는다―도 베토벤 전문가였다. 독일어를 가르칠 때 무모하게도 베토벤의 글을 활용할 정도로 베토벤에 심취해 있었다. 그때 사들인 베토벤의 편지와 글, 그 시대 사람들의 기록을 편집한 알베르트 라이츠만의 두 권짜리 《베토벤》은 지금도 내 애장서다. 베를리오즈의 편지도 당시 구보 씨의 권유로 재미있게 읽었다. 구보 씨는 동료들 사이에서 박식하기로 이름이 나 있었다. 내가 프랑스 책을 자주 읽게 된 것은 후카다 야스카즈 교수님과 구보 씨의 영향 때문이다. 그 무렵 읽은 책 중 유독 생각나는 것은 폴 그젤Paul Gsell의 《로댕의 말》이다. 훗날 소분카쿠叢文閣에서 다카무라 고타로高村光太郎 씨의 편역으로 《로댕의 말》과

《속 로댕의 말》이 출간되자마자 책을 구했는데, 당시의 일이 떠올랐기 때문이다. 플로베르의 편지는 후카다 교수님을 찾아뵐 때마다 재미있다는 말을 듣고 읽어봤는데 정말 재미있었다. 후카다 교수님은 아나톨 프랑스를 좋아했는지 찾아뵐 때마다 자주 그를 언급했다. 그때까지 내가 본 책은 《에피쿠로스의 정원》정도였다. 파리의 하숙집에서 지내며 한때 아나톨 프랑스의 작품만 탐독한 것은 후카다 교수님의 얘기가 어느새 뇌리에 깊이 박혔기 때문이 아닐까. 그런데 알고 보니 그 하숙집이 아나톨 프랑스의 집 근처였다. 마침 내가 파리에 머물 때 그가 세상을 떠나 아베 요시시게安部能成 씨와 함께 그의 장례식에 찾아갔다. 그것도 인연이었을까. 그래서인지 돌아가신 후카다 교수님을 생각하면 아나톨 프랑스가 연상될 때가 많다.

· 11 ·

해외에서 머문 3년은 평생 책을 가장 많이 읽은 시기였다. 여행도 거의 하지 않고 대부분의 시간을 책만 보며 지냈다. 유학은 나에게 학교 생활, 하숙 생활의 연장에 불과했다. 다행히도—여기에는 약간 묘한 뜻이 담겨 있다—당시 나는 원하는 만큼 책을 구입할 수 있었다. 독일의 기록적인 물가상승 덕분에 우리는 한때나마

억만장자처럼 지낼 수 있었다. 얼마 전에도 라테나우의 《현대 비판》을 읽으며 처음 독일에 도착하던 날이 떠올랐다. 마르세유에서 스위스를 거쳐 제네바를 잠시 구경하고 독일에 입국한 그날, 우리는 기차 안에서 신문을 보다가 라테나우가 암살되었다는 소식을 접했다. 여기서 '우리'란 배에서 알게 된 네다섯 명의 친구로, 그 중에는 브루노 타우트Bruno Taut 씨의 제자로 들어간 젊은 건축가 우에노 이사부로上野伊三郎가 있었다(우에노라는 이름은 이와나미 신서에서 출간한 《일본미의 재발견》에 실린 타우트 씨의 글에 등장해서 이를 기억하는 독자도 있을 듯하다). 마침 헤르더 백과사전이 보여 펼쳐보니 라테나우는 1922년 6월 24일 베를린에서 "유대인 'Erfüllungspolitiker(베르사유 조약 이행주의 정치가)'인 국민사회주의 행동파에 의해 암살되었다"고 적혀 있다. 라테나우 암살 사건 이후 급락하기 시작한 마르크화는 며칠 뒤 영국 화폐 1파운드가 1000마르크를 웃돌았다. 얼마 후에는 1만 마르크, 100만 마르크, 1000만 마르크로 불어나더니 마침내 1조 마르크를 넘어섰다. 일본에서 온 가난한 서생인 나조차 5파운드만 환전하면 주머니에 못 넣을 정도로 지폐를 받을 수 있어서 마페(Mappe, 가방)를 가져가야 했다. 하이델베르크대학 앞에 와이스라는 책방이 있다. 강의를 듣고 집으로 가는 길에 하니 고로羽仁五郎와 함께 그 책방에 들러 책을 뒤지곤 했다. 우리 외국인에게는 천국이었지만 독일 사람들에게는 지옥의 시대였다. 그즈음 독일에는 일본인 유학생이 상당히 많았다. 가장 가까워진 친구는 하니였지만, 나와 같은 시기, 또는 그즈음에 하이델베르크에서 알게 된 사람은 오우치 효에大內兵衛, 기타 레이키치北昤吉, 이토이 야스유키(糸井靖之, 하이델베르크에서 세상을 떠났다), 이시하라 겐石原謙, 구루마 사메조久留間鮫造, 오비 한지小尾範治, 아베 지로安部次郎, 나루세 무쿄쿠成瀬無極, 아마노 데이유天野貞祐, 구키 슈조九鬼周造, 후지다 게이조藤田敬三, 고쿠쇼 이와오黑正巖, 오바 슈에이大峽秀榮 등 여러 명이다.

내가 하이델베르크에 가기로 결심한 것은 이 학파 인물의 저서를 많이 읽고 리케르트 교수님 밑에서 더 깊이 공부하고 싶어서였다. 하이델베르크 철학을 대표하는 리케르트 교수님의 강의는 한때 헤겔과 쿠노 피셔Kuno Fischer, 빈델반트가 강의한 유서 깊은 어두침침한 교실에서 이루어졌다. 리케르트 교수님의 강의는《독일 철학에서 하이델베르크의 전통》(1931)이라는 제목으로 출판되었다. 리케르트 교수님은 집 밖으로만 나가면 불안을 느끼는 일종의 신경성 질환―학생들은 "platzangst(광장공포증)"이라 불렀다―을 앓고 있어서 늘 부인과 문하생 아우구스트 파우스트 씨가 마차로 교수님을 모시고 왔다. 이미 그의 저서를 다 읽어버린 나는 강의에서 새로운 가르침을 거의 얻지 못했지만, 노교수님의 풍모를 접하는 것이 마치 철학의 전통에 접하는 듯해 즐거웠다. 리케르트 교수님의 세미나는 자택에서 이루어졌다. 그 세미나에서 소다 기이치로 교수님의 리케르트 비평에 대한 보고서를 전했더니 교수님도 소다 교수님을 기억하고 반가워했다. 안타깝게도 타자기로 친 그 보고서는 잃어버렸다. 리케르트 교수님의 세미나에는 언제나 막스 베버 부인이 참석했는데, 세미나에서 교재로 쓰인 것이 마침 새로 출간된 베버의《과학론 논집》이었다.

　하이델베르크에서 지낸 1년 남짓의 기간에 내가 가장 열중한 공부는 막스 베버와 에밀 라스크였다. 라스크의 제자로 그의 전집을 편찬하고 훗날 일본으로 건너와 도호쿠대학에서 교편을 잡으며 《일본의 궁술》[91]이라는 책을 남기고 지금은 독일로 돌아간 오이겐 헤리겔Eugen Herrigel 씨에게서는 라스크 철학을 배웠다. 내가 하이델베르크에 머물던 시기에 처음으로 그가 강사로 교편을 잡았지만, 1차 세계대전—라스크는 이 전쟁에서 목숨을 잃었다—에 지원했다는 그의 얼굴에는 어두운 그늘이 서려 있었다. 나는 헤리겔 씨의 세미나에서 볼차노Bernhard Bolzano에 대한 보고서를 발표했다. 이윽고 이 보고서의 수정본이 〈사상〉에 실렸다. 그 무렵 볼차노의 저서가 절판되어 구할 수 없게 되는 바람에 리케르트 교수님 댁에 보관되어 있던 라스크의 문고에서 그 책을 빌려 공부한 기억이 난다. 헤리겔 씨는 당시 하이델베르크에 있던 철학을 연구하는 일본인 유학생의 중심인물이었다. 그를 중심으로 오바 씨와 기타 씨가 머물던 하숙집에서 독서회가 열렸는데, 나도 빠지지 않고 참여했다. 독

---

91　한국어판은《마음을 쏘다, 활》이라는 제목으로 출간되었다.

서회에서 헤리겔 씨가 읽어준 책 중에는 횔덜린Friedrich Holderlin의 《히페리온》이 있다. 횔덜린은 세계대전 후 독일 청년들 사이에서 선풍적으로 유행했다. 그러나 당시 독일 청년의 정신적 분위기를 조성한 횔덜린을 비롯해서 니체, 키에르케고르, 도스토예프스키 등을 깊이 공감하며 탐독하게 된 것은 마르부르크대학으로 옮겨 하이데거 교수님 밑에서 배우기 시작하면서부터다. 하이데거의 철학은 '전후 불안'의 표출이었다. 그 후 하이데거는 횔덜린의 사상을 바탕으로 문학을 논했다(《횔덜린과 시의 본질》, 1931년). 하이델베르크에서 지내던 시기는 내가 일본을 떠난 지 얼마 되지 않은 때라 교토대학 시절의 논리주의를 벗어나지 못해서 칸트와 괴테 말고는 독일을 깊이 이해하지 못했다. 하이델베르크대학에는 리케르트 교수님에 비견되는 야스퍼스Karl Jaspers 교수가 있어서 니체와 키에르케고르에 대해 강의했지만, 나는 두세 번의 출석에 그쳤다. 리케르트가 야스퍼스 등에 대해 비판한 《생의 철학》(2쇄, 1922년)을 읽고도 크게 공감하지 못했는데 야스퍼스의 《세계관의 심리학》(2쇄, 1922년)을 읽고도 도통 재미를 느끼지 못했다. 야스퍼스 철학의 참 재미를 배운 것 또한 마르부르크에 간 다음이었다. 요컨대 나의 하이델베르크대학 시절은 철학 면에서 교토대학 시절의 연장이었다. 내가 수집한 책도 논리학과 방법론에 관한 글이 대부분이었다.

하이델베르크대학에서는 리케르트 교수님 강의 외에도 에른스트 호프만 교수님의 강의를 들었다. 철학이 아닌 다른 과목으로는

군돌프Friedrich Gundolf의 강의에 몇 번 출석한 적이 있다. 호프만 교수
님은 딜스Hermann Diels의 제자로 플라톤 연구로 유명했다. 나는 호프
만 교수님의 논문을 번역해 〈사상〉에 기고하기도 했다. 물가 상승
탓에 당시 독일 지식인은 생활고에 시달리고 있었다. 그래서 나는
원고료가 조금이나마 보탬이 되기를 바라는 마음에서 그 논문을
교수님에게 의뢰했다. 그런 상태라 젊은 박사들은 기꺼이 일본인
을 대상으로 개인 교습을 했다. 헤리겔 씨 외에 나와 책을 함께 읽
어준 사람으로는 훗날 일본으로 건너와 오사카고등학교에서 교편
을 잡은 신칭어Robert Schinzinger 씨가 있다. 카시러Ernst Cassirer가 있는 곳
에서 하이델베르크로 온 사람으로, 호프만 교수님의 소개로 그의
플라톤 강독을 들었다. 그리고 헤겔 전집 출간으로 이름을 널리 알
린 헤르만 글로크너Hermann Glockner 씨가 있다. 그는 당시 리케르트 교
수님 댁에서 하숙한 적이 있는 듯했다. 그가 나와 하니에게 헤겔의
《정신현상학》을 강독해주었다. 이외에도 하니와 함께 강독을 들
은 사람으로는 카를 만하임Karl Mannheim 씨가 있다. 그는 나중에 일본
으로 건너와 도쿄대학 경제학부에서 가르쳤던 레데러Emile Lederer 교
수의 작업을 도왔다. 그리고 이윽고 《이데올로기와 유토피아》라
는 저서로 지식사회학 분야에 이름을 떨쳤다. 나는 이 사람에게서
처음으로 막스 셸러Max Scheler의 지식사회학에 대해 들었지만, 당시
에는 그 중요성을 이해하지 못했다. 만하임 씨 등의 일에 흥미를
가지게 된 것은 일본으로 돌아오고 나서다. 독일의 유대인 추방 사

건을 접하자마자 떠오른 사람이 만하임 씨였다. 이 밖에도 나에게 강독을 해준 사람으로는 그즈음《현상학과 종교》라는 논문으로 강사 지위에 오른 빙클러 씨가 있다. 그는 보버민Georg Wobbermin의 제자였다.

이처럼 우리는 젊은 학자를 이른바 가정교사로 두고 공부할 수 있었다. 그야말로 물가 상승 덕분이었다. 독일인의 불행은 우리 유학생들의 행복이었다. 최근 일본에서 물가 상승 위기에 대한 얘기가 나올 때마다 그 시절이 떠오른다. 당시 독일 지식인들의 표정이 생생하다.

· **12** ·

지금 내 서재에는 마르부르크의 거리를 그린 작은 판화가 걸려 있다. 당시 한 대학생이 몰래 만들어 판매하던 것을 구입한 것이다. 그 시절 독일 학생들이 경제적으로 어떤 처지에 있었는지 생각나게 하는 물건이다. 하이델베르크에서 1년가량 지낸 후 나는 마르부르크로 갔다. 간토 대지진이 대문짝만하게 실린 신문을 보고 놀랐을 때에는 아직 하이델베르크에 있었다. 그날 아베 지로 씨를 찾아가 그 일에 대해 얘기를 나눈 기억이 난다. 하이델베르크에서 알고 지낸 사람들에게 작별을 고하고 나는 마르부르크로 향했다.

이 작은 도시에서는 나 혼자겠구나, 생각했는데 여기서도 일본 유학생을 발견했다. 이처럼 당시에는 독일의 대학 도시 어딜 가나 일본 유학생이 많았다. 마르부르크에서 친분을 쌓은 사람은 오타니대학의 스즈키 히로시鈴木弘 씨, 릿쇼立正대학의 모리야 간쿄守屋貴敎, 규슈대학의 시노미야 가네유키四宮兼之 씨, 지금은 문부성에 있는 나가야 기이치長屋喜一 군이었고 뒤이어 야마시타 도쿠지山下德次 군이 왔다.

그때 마르부르크로 간 사람들은 철학에서는 니콜라이 하르트만Nicolai Hartmann과 하이데거를, 종교학에서는 오토Rudolf Otto 교수 밑에서 배우고 싶어 했다. 시노미야 씨와 나가야 군은 하르트만 교수를, 나는 하이데거 교수를 염두에 두고 있었다. 마침 내가 마르부르크로 옮긴 학기에 하이데거 교수님이 프라이부르크에서 마르부르크로 초빙되어 왔고, 나는 그분 밑에서 배우려고 마르부르크로 전학 온 것이다. 교육학 연구가 목적이었던 야마시타 군은 나토르프Paul Natorp 교수와 옌슈Erich Rudolf Jaensch 교수를 사사했다. 나토르프 교수의 저서는 교토대학 시절에 몇 권 읽고 경의를 표하곤 했는데, 야마시타 군의 권유로 두세 번 강의를 들은 적이 있다. 《실천철학 강의》라는 제목으로 출간된 책과 내용이 동일했던 것으로 기억한다. 나토르프 교수의 장서를 세이조成城고등학교가 소장하게 된 것도 야마시타 군의 주선 덕분이다. 내가 애지중지하는 데카르트의 초상화도 본래는 나토르프 교수의 소장품으로 어떤 연유로 내 소유가 되었다.

마르부르크에 정착하고 나는 곧장 하이데거 교수님을 찾아갔다. 그때의 일에 대해서는 예전에 쓴 〈하이데거 교수님을 추억하며〉라는 짧은 글에 담은 적이 있다. 당시 교수님은 나에게 아리스토텔레스를 연구하라고 권하며 가다머 박사를 소개해주었다. 그렇게 해서 가다머 씨 집으로 아리스토텔레스 강독을 들으러 다녔다. 글은 《형이상학》과 《니코마코스 윤리학》에서 발췌한 내용이었다. 하이데거 교수님의 세미나에서도 아리스토텔레스의 《자연학》이 교재로 쓰였다. 또한 그 세미나에서 그는 후설Edmund Husserl의 《논리학 연구》도 사용했다. 교수님은 후설의 저서 중 이 책을 《순수 현상학과 현상학적 철학의 이념들》보다 중시하는 듯했다. 이는 하나의 사상에 대해 근원적 발현에 관심을 두고 해석하려는 교수님의 철학적 방법에 근거한 것이다. 그리하여 이번에도 교수님의 소개로 레비트 씨의 집에 후설의 《논리학 연구》 강독을 들으러 다녔다. 얼마 후 마르부르크대학의 강사가 되었지만, 유대인이었던 그는 신변의 위협을 느끼고 일본에 와서 도호쿠대학에서 학생들을 가르치다 미일 간 긴장이 고조될 것을 예측하고 록펠러재단의 원조로 미국으로 건너갔다. 그는 전에도 록펠러 기금을 받고 이탈리아에 간 적이 있다. 레비트 씨가 머물던 집에는 마르서 군이라는 청년이 살았다. 어디서 배웠는지 바둑을 둘 줄 알아서 나에게 한 수부탁하곤 했다. 괜찮은 젊은이였다. 마르서 군 또한 지금은 뉴욕에 머문다고 한다. 오늘날의 국제 정세를 보면 문득 이 두 사람의 운

명에 대해 생각하게 된다.

하이데거 교수님은 강의 시간이건 세미나 시간이건 늘 철학 고전을 들고 와서 그 서적의 일부를 해석했다. 데카르트, 칸트, 아우구스티누스와 토마스 등의 저서였다. 내가 들은 강의에서는 특히 데카르트의 《성찰록》을 자주 다루었다. 덕분에 나도 이 책을 정독할 수 있었다. 아우구스티누스의 저서가 얼마나 재미있는지는 니시다 교수님에게 익히 들었지만, 하이데거 교수님의 강의 덕분에 흥미를 갖게 되면서 라틴어 사전을 뒤적이며 그 철학 논문을 읽었다. 이 사실을 안 하숙집 주인이 나를 위해 아우구스티누스의 《고백록》을 함께 읽어주었다. 내가 하숙하던 집은 목사의 집이었다. 그는 팀메라는 사람인데, 저서도 두세 권이나 있고 루마니아 쪽까지 강습을 간다고 했다. 신기하게도 나는 종교와 인연이 있어서 하이델베르크에서는 이시하라 겐 씨의 뒤를 이어 렘메라는 노교수 집에서 하숙했다. 아우구스티누스를 더 깊이 공부하고 싶은 마음에 미뉴Jacques Paul Migne가 펴낸 《삼위일체론》 등을 때마침 파리로 거처를 옮긴 오비 한지 씨에게 부쳐달라고 부탁해서 받은 적도 있다. 돌이켜보니 본의 아니게 마르부르크에서 머무는 동안 인생에서 가장 많은 기독교 서적을 읽었다. 팀메 가문은 하이렐 가문과 친분이 깊어 자연스레 하이렐 교수에 대한 얘기가 나올 때가 많았고 나도 교토대학 시절부터 하타노 교수님에게서 그 교수의 저서에 대해 듣고 그분의 《카톨릭주의》와 《기도》를 읽었다. 하이데거 교수님 수업에는 학생들 사이에서 강의를 듣던 다리가 불편한 신사가 한 명 있었다. "저 사람이 불트만이야." 한 학생이 나에게 알려주었다. 불트만Rudolf Karl Bultmann 교수의 사상은 변증법적 신학과 관련이 깊은데, 하이데거 철학에는 이와 상통하는 구석이 있다. 다리를 절뚝이며 교실로 들어와서 열심히 동료의 강의를 듣는 그의 모습이 지금도 생생하다. 그 후 출간된 교수의 저서《예수》를 읽고 나는 큰 감명을 받았다. 크기는 작아도 훌륭한 책이다. 하이데거 교수님과 레비트 씨 얘기를 듣고 나는 변증법적 신학에 흥미가 생겨 바르트Karl Barth의《로마서》며《하나님 말씀과 신학》등을 읽었다. 물론 오토 교수의《성스러운 것》도 읽어보았다. 마침 그가 저서《동서 신비주의》에 제시한 문제를 고찰하며 불교에 관심을 두던 시기여서 그랬을 것이다. 일본 유학생을 좋아했던 그는 자택에서 차를 대접하곤 했다. 또한 오토 교수의 권유로 종종 라인강 건너 다소 높은 언덕을 함께 산책하기도 했다.

철학 방면에서는 하이데거 교수님 외에 니콜라이 하르트만 교수님의 강의에도 출석했다. 그도 아리스토텔레스에 흥미가 있었는데, 어느 날인가 내가 찾아가자 여러 번 그에 대해 언급했다. 내가 참여한 세미나에서 사용한 책은 칸트의《순수이성비판》과 헤겔의《논리학》이었다. 교수님의 저서《인식의 형이상학》은 주관주의 철학에서 시작해 라스크의 연구를 계기로 점차 객관주의로 기울어가던 당시의 나에게 무척 신선하고 재미있었지만, 하이데거 교수님에게 큰 영향을 받은 뒤라 하르트만 교수님의 입장이 별로 흥미롭지 않았다. 마르부르크에서는 순수하게 하이데거 교수님에게 영향을 받았다고 해도 무방할 정도다. 하지만 얼마 후 출간된 하르트만의 《윤리학》을 읽고 새삼 교수님의 사상에 흥미를 가지게 되었다.

　마르부르크에 머무는 동안, 그리고 그 후에도 간혹 나의 독서 생활을 서신으로 지도해준 사람은 레비트 씨다. 그 덕분에 나는 철학뿐 아니라 독일 정신사를 접하게 되었다. 딜타이, 더 거슬러 올라가 슈레겔과 훔볼트 등의 사상에 눈뜨게 해준 사람도 레비트 씨다. 무엇보다 그는 당시 많은 독일 청년들의 마음을 사로잡은 불안의 철학과 불안의 문학으로 나를 이끌었다. 나는 니체와 키에르케고르 등을 애독했고 특히 도스토예프스키의 소설을 탐독했다. 그 무렵 독일은 정신적 불안의 시대였다. 횔덜린이 유행하는가 싶더니 한쪽에서는 간디 등의 인물이 환영받았다. 또한 학생들 사이에서도 우익과 좌익으로 성향이 확실히 갈려 외부에 있는 우리 유학생들에게조차 한눈에 보일 정도였다. 하이데거 교수님의 철학 자체도 그런 불안의 표현 중 하나로 볼 수 있다. 교수님의 철학은 니체, 키에르케고르, 횔덜린 등이 유행하는 분위기에서 탄생했으며, 이것이 청년과 학생에게 인기를 모은 까닭이기도 하다. 레비트 씨도 덴마크어를 공부해서 키에르케고르를 원전으로 연구하기 시작했다. 나에게 야스퍼스와 막스 셸러 등을 읽으라고 권하기도 했다. 하이데거 교수님과 친분이 있어 이른바 하이데거 철학의 소재들을 그 상태 그대로 보여주었다. 이런 교사란 참으로 고마운 존재다.

· **13** ·

마르부르크는 독일의 시골에 위치한 전형적인 작은 대학 도시다. 산기슭에서 정상에 이르는 부분을 깎아 만든 도시로 기슭에는 라인강이 흐르고 강을 건너면 언덕으로 이어지다가 숲이 펼쳐진다. 나는 이 언덕과 숲을 자주 산책하곤 했다. 거리에는 볼 만한 것이 별로 없었다. 극장이 하나 있어서 이따금 영화를 상영하기도 했지만, 결국 한 번도 가보지 못했다. 거리는 늘 조용하고 평온했다. 여기서 지낸 1년은 평생에서 가장 조용하고 평온한 시기였다. 예정된 체류 기간이 지난 후에도 발이 떨어지지 않았다. 어떻게 할까 고민하고 있을 때 후카다 교수님의 영향으로 품게 된 프랑스에 대한 동경이 내 마음속에 되살아났다. 마르부르크에 프랑스어 회화를 가르치는 여성이 있다는 소식을 듣고 파리에 가기 전 딱 한 달을 그곳에 다녔다. 프랑스어는 거의 독학으로 배웠다. 고등학교 시절 교세이曉星에 아침 일곱 시부터 여덟 시까지 프랑스어 강습이 있다는 사실을 알고 혼고의 기숙사에서 다닌 적도 있지만, 여덟 시에 시작하는 학교 수업에 맞추기 어려워서 오래 다니지는 못했다. 독

학으로 책은 그럭저럭 읽을 수 있게 되었지만 일상 회화에는 전혀
자신이 없었다.

나는 마르부르크에서 파리로 가기로 마음먹었다. 그때 나에게
는 앙드레 지드의 소설이 몇 권 있었다. 그해 봄 빈으로 여행을 떠
났을 때 우연히 구입한 책이다. 그 무렵 빈에는 우에노 이사부로
가 있었다. 그곳에 잠시 머무는 동안 틈만 나면 책방을 찾아다녔는
데, 먼저 눈에 띈 것은 프랑스 책을 진열한 서점이었다. 독일에서
는 볼 수 없는 풍경이었다. 빈은 프랑스 문화에서 많은 영향을 받
았다. 오랜만에 프랑스 책을 본다는 기쁨에 차서 책방 안으로 들
어섰는데, 지드의 책이 잔뜩 진열되어 있었다. 독일 서적으로는 도
스토예프스키의 독일어 번역본이 많았다. 오스트리아에서도 이른
바 불안의 문학이 유행한 모양이다. 부끄러운 얘기지만, 당시의 나
는 앙드레 지드가 누군지조차 몰랐다. 아무튼 그의 책이 유독 많이
진열된 모습을 보고 인기 작가라고 확신한 나는 몇 권을 구입해서
가방 속에 집어넣었다. 빈에서 출발한 기차 안에서 처음으로 그의
《배덕자》를 읽고 그때까지 접해보지 못한 새로움을 느꼈다. 마르
부르크로 돌아와 레비트 씨에게 얘기했더니 이 박학다식한 박사
가 지드에 대해 여러 가지를 알려주었다. 그때 그가 독일에서 가장
뛰어난 프랑스 연구가라고 귀띔해준 사람은 에른스트 쿠르티우스
Ernst Curtius다. 쿠르티우스의 신작 《발작》을 꼭 읽어보라고 권하기에
사서 읽어봤더니 듣던 대로 재미있었다. 그 후 다시 쿠르티우스의

《신유럽의 프랑스 정신》이라는 책을 볼 기회가 있었는데 이것도 좋은 책이었다.

파리에 머물던 고바야시 다이치로小林太一郎 군에게 하숙집을 소개해달라고 부탁하고 쾰른을 거쳐 파리에 도착한 것은 초가을 무렵이었다. 고바야시 군은 나와 같은 교토대학 철학과 출신이라 전부터 알고 지냈지만, 지금은 오카사의 미술관에서 중국 미술 연구 전문가로 활동하고 있다. 처음에는 파리에 오래 머물 생각이 없었다. 2년 반을 독일에서 지냈으니 파리에는 서너 달만 있다가 귀국 준비를 해야겠다고 생각했다. 그런데 결국 1년으로 늘어지고 말았다. 대도시는 고독한 곳이다. 고독을 찾는다면 도심 한복판만한 곳이 없다. 파리의 거리에는 늘 일본인이 많았다. 하지만 내가 가장 가깝게 지낸 사람은 고바야시 군 정도였고, 그나마도 하숙집이 멀어 자주 만나지는 못했다. 파리에서 처음 알게 된 친구는 세리자와 고지로芹澤光治郎 군이다. 파리는 유럽에 간 사람이 한 번쯤 들르는 곳이어서 우연히 마주친 사람이 많았다. 사이토 모키치齋藤茂吉 씨, 이타가키 다카오板垣鷹穗 군 등이 떠오른다. 에투알 근처의 하숙집에는 한때 아베 요시시게 씨나 하야미 히로시 선생님이 머물기도 했다. 경성대학에 법문학부가 설립된 시기로, 그곳의 교수로 임명된 사람들이 여행이나 유학차 유럽에 오는 시대였다. 내가 하숙하는 동안 아베 씨가 오이켄의 《대사상가의 인생론》 개역에 몰두하던 모습이 떠오른다. 배 안에서 마무리하려고 했는데 미처 끝내지 못했다고 하면서.

애초에 오래 머물 계획이 없었기에 이번에는 대학에 적을 두지 않았다. 파리를 구경하는 한편 초등학교 교사에게 프랑스어 회화를 가르쳐달라고 부탁해서 공부를 계속했다. 듣기에 자신이 붙자 구경하는 셈 치고 소르본대학의 공개 강의에 출석해서 철학자 브랑슈비크Leon Brunschvicg 교수의 강의를 몇 번 들었다. 내가 텐Hippolyte Adolphe Taine을 자주 읽고 있을 때였다. "와, 텐을 읽는군요." 프랑스어를 가르치러 온 교사가 놀라서 한 말이다. 텐을 읽은 것은 교토대학 시절에 주로 공부한 역사철학의 영향이다. 하이델베르크대학 시절에도 하니와 만나면 자주 텐에 대해 얘기했다. 그때 아나톨 프랑스의 소설이 재미있어서 열중했다는 얘기는 앞에서 언급했다. 앙드레 지드와 아나톨 프랑스는 외국인에게 사랑받는 프랑스 작가가 아닐까. 작가 중에서는 자기 나라보다 해외 독자의 지지가 압도적인 부류가 있다. 그 밖에 파리의 하숙집에서 내가 애독한 책은 르낭Ernest Renan이 아닐까 생각한다.

그러다가 우연히 파스칼의 책을 얻게 되었다. 파스칼의 작품 중에는 예전에 레클람에서 독일어로 출간된 《광세》를 읽은 기억이 남아 있는 정도였다. 그런데 이번에는 달랐다. 나는 이 책에 사로잡혀 빠져나올 수가 없었다. 《광세》를 떠올리니 하이데거 교수님에게 배운 학문이 되살아나는 듯하다. 그렇다면 프랑스의 모랄리스트[92]를 연구해보자. 이렇게 결심한 나는 먼저 파스칼 전집, 몽테뉴의《에세이》, 라브뤼예르의《사람은 가지가지》, 비네의《16, 17세기의 모랄리스트》를 읽고 많은 자극을 받았다. 마르부르크에서 읽은 키에르케고르, 니체, 도스토예프스키, 바르트, 아우구스티누스 등이 이제야 빛을 발하는 것 같았다. 스트로프스키의《파스칼》, 부트루Emile Boutroux의《파스칼》등 관련 문헌을 수집해 읽기 시작했다. 《팡세》는 내 애독서가 되었다. 이 책을 밤늦게까지 조용히 읽고 있노라면 말할 수 없는 고독과 적막 속에서 절로 눈물이 흐르곤 했다. 원고지가 없어서 일단 줄 노트에 〈파스칼의 인간 분석〉이라는 논문을 썼다. 과연 철학 논문으로 받아줄까, 불안해하며 글을 〈사상〉에 보냈다. 그리고 계속해서 나의 파스칼론을 적었다. 이렇게 해서 완성한 글이《파스칼의 인간 연구》로 1926년에 처녀작으로 출간되었다. 이 책의 마지막 문장은 일본으로 돌아온 후 교토에서 썼지만 다른 부분은 파리의 하숙집에서 완성했다. 내 처녀작은 실패로 끝났다. 당시 이와나미에서 소매상으로 보낸 책 중 반품 부수가 가장 많았다고 한다. 당연한 일이다. 내가 워낙 무명의 서생이었던 데다 파스칼이라는 이름도 전문가를 제외한 일반 독자는 중학교 수학에 나온 파스칼의 정리밖에 기억하지 못했다. 심지어 그

---

92  모랄리스트(프랑스어 moraliste), 16~18세기 프랑스에서 인간성과 인간이 살아가는 법을 탐구하여 수필 등의 글로 표현한 문필가. 몽테뉴, 파스칼 등이 이에 속한다.

파스칼과《인간 연구》—이 또한 그 시대 독자에게 무척 낯선 말이었을 터다—가 무슨 상관이란 말인가, 라며 도통 이해하지 못했다. 이것도 당연한 일이다. 파스칼은 이처럼 불가사의한 존재였다. 물론 지금은 사정이 다르다.《팡세》를 포함해 파스칼의 몇몇 작품이 번역되어 널리 읽히고 있다. 내가 쓴 파스칼도 그 후 점차 독자가 생겨 지금도 중쇄를 거듭하고 있다. 성공과 실패를 떠나 처녀작 출판은 저자에게 늘 그리운 추억으로 다가온다.

파스칼과 몽테뉴부터 시작한 나는 점점 프랑스 철학에 깊은 흥미를 느끼게 되었다. 돌이켜보면 니시다 교수님의 저서와 강의에서 멘 드 비랑Maine de Biran 등, 당시 일본에 거의 알려지지 않은 철학자를 알게 되면서 미지의 존재에 대한 동경을 느꼈기 때문이 아닐까. 나는 늘 미지의 존재를 동경해왔다. 마르부르크에서 파리로, 오랜 고민 끝에 익숙한 독일 철학의 땅을 떠난 것도 미지의 존재에 대한 동경 때문이었다. 니시다 교수님은 요즘 유독 프랑스 철학을 연구하라고 권하는 모양이다. 파스칼에 대한 글을 쓰며 다음에는 데카르트에 대해 써야겠다고 마음먹었다. 그 무렵 슈발리에의《파스칼》과《데카르트》를 읽고 그 명료한 서술이 도움이 되었는데, 그 영향도 있을까. 다음번에는 데카르트를 쓰겠노라고 친구에게 여러 번 말했다가 서점 광고에 나의 데카르트 연구에 대한 예고가 등장한 적도 있다. 아직도 이루지 못해 부끄러울 따름이다—이번에〈문학계〉에 데카르트의 각서를 연재하기 시작한 것도 언제까지 계속할 수 있을지 모르겠지만 완성하지 못한 연구를 잠시나마 메우고 싶었기 때문이다—일본으로 귀국했을 때는 파리의 하숙집에서 그런 꿈을 바로 이룰 수 없는, 전혀 다른 사정이 나를 기다리고 있었다. 그러나 마르부르크에 머물며 내가 경험한 이른바 불안의 철학과 불안의 문학은 몇 해 후 일본에서도 유행했다. 몇 해 후가 되어야 마땅했다. 프랑스와 독일이 그랬듯이 하나의 요소, 즉 마르크시즘이 먼저 유행해야 했기 때문이다. 순서상 그게 맞다. 그렇게 생각하니 사상의 유행에도 뭔가 필연적 법칙이 있는 게 아닐까 싶다.

철학은 어떻게 배워야 하는가

철학은 어떻게 배워야 하는가, 내가 종종 받는 질문이다. 지금 그 물음과 같은 제목이 또다시 나에게 주어졌다. 하지만 이 질문에 대답하기란 쉬운 일이 아니다. 만약 수학이나 자연과학이라면 어떤 것부터 시작해서 어떤 책을 어떤 순서로 공부해야 하는지 어렵지 않게 제시할 수도 있다. 하지만 철학은 특성상 거의 불가능에 가깝다. 철학이란 무엇인가에 대한 정의도 입장에 따라 다르다. 입장이 다르면 출발점도 다르다. 심지어 철학적 지식은 시작점이 동시에 종착점이 되기도 한다. 연구를 시작 못할 정도로 실마리가 없다면 어떻게든 실마리를 찾아야 한다. 그렇다면 실마리는 어디에서 구해야 하는가. 입장 차이는 그렇다 치고 철학이 무엇인지 파악하기 위한 최초의 실마리는 어디에서, 어떤 식으로 찾아야 하는가. 이것이 질문이라고 보고 내 부족한 경험을 바탕으로 풀어보고자 한다.

## · 1 ·

철학개론으로 무엇을 읽으면 좋은가, 늘 제일 처음 받는 질문이다. 뭐든 괜찮으니 일단 한 권만 읽어보게, 내 대답은 한결같다. 다시 말해 개론이라는 이름에 얽매이지 말라는 뜻이다. 철학개론이라는 제목이 붙었다고 해서 꼭 철학 입문서라고 볼 수는 없다. 개론에도 철학에 대한 저자의 입장이 드러나기 때문에 저자의 철학 입문서 또는 철학 종합서인 경우가 많다. 게다가 개론이라고 쉽다는 보장도 없다. 철학개론이라는 제목이 붙은 책을 여러 권 사놓고 골머리를 앓는 사람이 있는 모양인데, 얼마나 어리석은 일인가. 철학을 개론서부터 시작하라는 법도 없고 그것이 최선의 길도 아니다. 개론부터 읽고 싶다면 뭐든 한 권이면 충분하다. 뭐든 괜찮다, 즉 그다지 중요하지 않다. 철학 용어를 알고 싶다면 철학 사전을 읽으면 된다. 또한 어떤 이론이 있고 어떤 경향이 있는지 알고 싶다면 철학사를 봐야 한다. 그렇다고 내가 철학개론을 경멸한다는 뜻은 아니다. 내가 하고 싶은 말은 순서상 반드시 개론이라는 이름이 들어간 책부터 읽어야한다는 틀에 박힌 사고방식에 얽매이지 말라는 얘기다. 철학에 입문하는 길은 더 자유롭다.

86

## · 2 ·

내 경험을 말하자면 고등학생 시절 철학에 관심을 가지기 시작했을 무렵, 일본에는 아직 철학개론이라고 할 만한 책이 거의 없었다. 내가 철학에 끌리게 된 것은 니시다 기타로 교수님의 《선의 연구》를 읽고 나서였다. 그리고 지금도 나는 이 책이 최고의 입문서 중 하나라고 생각한다. 당시 고등학교에는 문과에조차 철학개론 강의가 없었고, 기껏해야 심리와 논리가 다였다. 훗날 철학을 전공하려면 심리와 논리를 공부해야 한다는 통념이 고등학교 때에는 있었다. 그리고 당시에는 세계대전의 영향으로 독일어 책을 전혀 구할 수 없었기 때문에 제임스의 《심리학 원리》와 밀의 《논리학 체계》 같은 책을 마루젠에서 구입해 와서 조금씩 읽었다. 일본의 철학서 출판에 한 획을 그은 이와나미의 〈철학 총서〉가 발간되기 시작한 시기로, 그중 빈델반트의 책을 소개한 《철학개론》을 읽었는데 솔직히 잘 이해가 가지 않았다. 3학년 때 작은 모임을 만들어 빈델반트의 《프렐루디엔(서곡)》 중 〈철학이란 무엇인가〉의 등사본을 만들어 하야미 히로시 선생님에게 강독을 부탁했다. 고등학교 시절 내가 직접적으로 가장 큰 영향을 받은 분은 하야미 선생님이다. 심리학 책을 유독 많이 읽은 까닭이기도 한데, 가장 흥미로웠던 것은 제임스의 《심리학 원리》였다. 지금도 내가 권하고 싶은 책 중 하나다. 빈델반트의 《철학개론》은 개론의 백미로 정평이 난 필

독서지만, 입문서로는 다소 어려울 수 있다. 오히려 빈델반트의 저서 중 《프렐루디엔》이 철학 책을 처음 읽는 사람에게 추천할 만하다. 그 자체로 훌륭한 입문서이기 때문이다. 빈델반트의 철학개론과 함께 일본 대중에게 널리 알려진 딜타이의 《철학의 본질》도 중요한 책이지만 쉬운 내용은 아니다. 물론 경우에 따라서는 난해한 책에 정면으로 부딪혀보는 것도 의미 있는 일이다. 내가 고등학교를 졸업한 여름, 하야미 선생님의 초대장을 들고 처음 교토의 니시다 교수님을 찾아갔을 때, 쉬면서 읽어보라며 교수님께서 빌려주신 책은 칸트의 《순수이성비판》이었다. 아직 번역서가 나오지 않을 때라 독일어 사전을 찾아가며 열심히 공부했지만, 모르는 내용이 많아 난감했던 기억이 있다. 그 후 구와키 겐요쿠 선생님의 《칸트와 현대 철학》이 출간되었는데, 이 또한 추천할 만한 입문서 중 하나다.


## · 3 ·


우선은 철학에 관한 각종 지식을 채우기보다 철학 정신을 접해야 한다. 개론서 읽기보다 훨씬 중요한 일이다. 그러려면 아무래도 일류 철학자의 저서를 읽어야 한다.

그런 맥락에서 난해하지 않으면서도 누구에게나 권할 만한 책을 한두 권 들자면 일단 플라톤의 대화편이 있다. 일부는 이미 일본어 번역서로 출간되었고, 영어를 읽을 수 있는 사람이라면 조웨트 Benjamin Jowett가 번역한 영서를 보면 된다. 플라톤의 대화편은 문학에서도 최고의 걸작으로 인정받고 있다. 근대 서적 중에는 데카르트의 《방법 서설方法敍說》을 들고 싶다. 철학 정신을 파악하기 위해 여러 번 읽어야 하는 책이며, 프랑스 문학에도 영향을 미친 작품이다.

물론 고전이라면 어떤 책에서건 철학 정신을 접할 수 있다. 고전을 읽는 의미, 해설서가 아닌 원전을 읽는 의미는 무엇보다 이 철학 정신을 만날 수 있다는 데 있다. 정신이란 순수한 것, 참된 것이다. 미술 감정가는 진짜 물건, 즉 진품을 수없이 보는 것으로 안목을 키워 작품의 진위와 좋고 나쁨을 판별할 수 있게 된다. 이와 마찬가지로 책의 좋고 나쁨을 가리는 능력을 키우려면 끊임없이 고전, 즉 순수한 것을 접해야 한다. 좋은 책인지 나쁜 책인지 구분하는 기준은 본래 이처럼 순수한지 여부, 근원적인지 여부, 정신이 깃들어 있는지 여부에 있다. 도움이 되는지 여부만 기준으로 삼는다면 책의 좋고 나쁨은 상대적인 것이 된다. 절대적으로 좋다고 할 만한 책도, 절대적으로 나쁘다고 할 만한 책도 없다. 어떤 사람에게는 좋은 책일지라도 다른 사람에게는 나쁜 책일 수 있다. 재능이 있는 사람이라면 전혀 유용하지 않아 보이는 책에서조차 유용한 무언가를 발견할 수 있다. 이처럼 독서의 재미란 새로운 발견을 통해 몇 배로 불어나는 법이다.

일반적으로 철학 책은 난해하다고 한다. 이런 평가에는 저자도 깊이 반성해야 하지만, 독자도 생각해야 할 것이 있다. 철학도 학문인 이상 머리로 아는 것이 아니라 몇 년쯤 배워야 한다는 점이다. 철학에는 전통적으로 사용하는 전문용어가 있다. 또한 자신의 사상을 다른 것과 구별해서 적절하게 또는 엄밀하게 표현하려면 새로운 말을 만들어야 한다. 철학이 학문이기는 하지만, 피히테가 '그 사람의 철학은 그 사람의 인격'이라고 했듯이 개성이 있다는 점에 주의해야 한다. 따라서 철학을 배울 때 자신과 맞지 않는 것을 고르면 이해하기 어려운 반면 자신과 맞는 것을 선택하면 입문하기도 쉽고 진도도 빨리 나갈 수 있다. 모든 철학은 보편성을 지향하지만, 동시에 일정한 유형상의 차별이 존재하므로 자신에게 맞는 것을 찾는 데 신경 써야 한다. 그런 의미에서 연구는 발견적이어야 한다. 시대를 알고 환경 안에서 자신을 인식하려면 유행을 되돌아볼 필요도 있지만, 유행에 얽매이지 않고 자신이 중심이 되어 공부하는 것이 관건이다. 그리고 우선 나와 맞는 철학자 한 명, 또는 학파 하나를 공부해서 그 사상을 내 것으로 만든 다음 다른 종류로 차츰 넓혀가는 편이 좋지 않을까. 처음부터 닥치는 대로 읽다가는 결국 같은 곳에서 제자리걸음만 할뿐 발전이 없다. 다른 입장에 관심을 가지는 것도 물론 필요하지만, 우선은 하나의 입장에서 자기를 단련해야 한다. 사물을 넓게 보는 것은 철학적이다. 동시에 깊게 보는 것도 철학적이다.

독일은 세계적으로 철학의 나라로 불리고 있어서 철학을 공부하려면 독일 책을 읽어야 한다. 그런데 독일 철학에는 전통적으로 난해한 것이 많다. 영국과 프랑스 계통 철학은 비교적 쉽게 읽힌다. 쉬우니까 깊이가 없다고 생각한다면 오산이다. 독일의 영향을 가장 많이 받은 현재의 일본 철학 책이 난해하게 느껴진다면 영국과 프랑스 계통 철학을 연구하라고 권하고 싶다. 독일 철학자 중 획기적인 연구를 한 사람 중에는 영국과 프랑스 쪽 영향을 받은 사람이 대다수다. 칸트가 그랬고 최근의 인물 중에는 후설이 있는데, 그의 현상학을 보면 데카르트와 흄에게 영향을 받았다는 사실을 알 수 있다. 그런 사람에게는 우선 베르그송의 《형이상학 입문》이나 제임스의 《프래그머티즘(실용주의)》 같은 책을 입문서로 권하고 싶다. 아직 일본에서는 전문가조차 프랑스와 영국, 미국 철학의 참 의미를 발견하지 못하고 있는 듯하다.

· **5** ·

앞서 철학을 배우려면 자신이 중심이 되어야 한다고 했다. 그렇다고 명상에 빠지라는 소리가 아니다. 더 구체적인 예를 들자면 여러분이 자연과학 전공생이라면 자연과학을, 또는 사회과학 전공생이라면 사회과학을, 그리고 역사 연구자라면 역사학을, 혹은 예술 애호가라면 예술을 실마리로 삼고 직면하는 문제를 파악하는 방식으로 철학을 공부하라는 뜻이다. 플라톤은 입문자에게 수학 지식을 요구했다고 한다. 철학 연구자는 늘 과학을 가까이해야 한다. 예로부터 철학은 과학과 밀접한 관계를 맺으며 발전해 왔다.

　이런 경우 과학과 철학을 잇는 다리 역할은 과학개론이 담당한다. 과학도 방법론적 기초를 반성할 때나 체계적 설명을 꾀할 때는 늘 철학적 문제와 마주친다. 그러니 과학개론 책도 입장에 따라 내용이 다를 수밖에 없다. 입장 차이는 그렇다 치고 무엇부터 읽어야 하느냐고 묻는다면 영어를 읽을 줄 아는 사람에게는 좀 오래된 책이긴 하지만 피어슨의《과학의 문법》을 권하고 싶다. 일본 책 중에는 다나베 하지메 선생님의《과학개론》이 유명하다. 이 분야에서 이시하라 준 선생님은 잊을 수 없을 만큼 큰 업적을 남겼다. 또한 문화과학 분야에서는 딜타이의《정신과학개론》, 역사 분야에서는 드로이젠의《사학강요史學綱要》등 다양하다. 리케르트의《문화과학과 자연과학》은 논리가 명료해서 입문서로 적합하다.

일본 학계에서 경험한 비교적 새로운 사건을 돌이켜보면, 한때 우리 문화과학 연구자들 사이에 철학이 유행하면서 모두가 빈델반트와 리케르트라는 이름을 입에 올리던 시대가 있었다. 주로 소다 기이치로 교수님의 영향 때문이다. 나 역시 교수님의 《경제철학의 문제들》을 처음 펼쳤을 때의 흥분을 잊을 수 없다. 교토대학 시절 들은 교수님의 강의도 감명 깊었다. 이른바 문학청년으로 성장한 내가 사회과학에 흥미가 생긴 것도 그때부터였다. 이어서 마르크스주의가 유행했는데, 과학 연구자에게는 철학에 대한 관심을, 철학 연구자에게는 과학에 대한 관심을 불러일으키며 일본 학계에 기여했다. 오늘날 이른바 고도 국방 국가를 지향하며 과학의 진흥을 부르짖고 있지만, 과학과 철학의 교류에 대해서도 새로운 반성이 일어나기를 기대해본다.

철학과 과학의 관계가 활발해지는 것은 철학 발전에 매우 중요하다. 특히 이제부터 철학을 공부할 젊은 사람들에게 전하고 싶은 말이다.

앞서 철학개론에 대해 언급한 말은 과학개론에도 적용할 수 있다. 즉, 개론이라는 이름에 얽매여 우선 개론서부터 파고들어 자기 것으로 만들겠다는 틀에 박힌 생각은 하지 말라는 뜻이다. 과학은 특히나 철학자의 과학론보다는 과학자에게 배울 가능성이 많다.

예컨대 딜타이의《정신과학론》은 실증역사 연구에서도 그가 일류였다는 점에서 출중한 책이다. 또 과학에서 특수 연구가 중요하다는 사실을 명심해야 한다. 철학이 과학과 접촉하는 이유는 근본적으로 철학이 사물에 접근하는 학문이기 때문이다. 철학자는 사물과 접하는 것을 피해서도, 두려워해서도 안 된다. 사물에 다가가는 철학은 끊임없이 사물을 접하고 연구하는 과학을 존중해야 한다.

## · 7 ·

뭐든 원천에서 길어 올리는 것이 관건이다. 원천에서 나온 것이라야 철학 정신이라 할 수 있다. 사물을 접하는 이유도 원류에 다가가기 위해서다. 일류 철학자가 쓴 책을 읽는 목적도 원천에서 사상을 길어 올리기 위해서다. 철학 연구자가 과학자의 글을 읽을 경우에는 일류 과학자의 저술이어야 한다.

이러한 목적으로 철학을 공부하려는 사람에게 권하고 싶은 책은 빈약한 내 지식 안에서도 상당히 많다. 한두 가지 예를 들자면 푸앵카레Henri Poincare의《과학과 방법》등이 있겠다. 에른스트 마하Ernst Mach 같은 인물도 마르크스주의가 유행한 시대에는 마하주의라 불리며 멸시당했지만, 재평가받아야 한다고 생각한다. 방향을 조금

돌리면 예컨대 클로드 베르나르의 《실험의학 서설》이 있다. 그리고 사회과학에서는 막스 베버의 《과학론 논집》 같은 책을 들 수 있고, 좀 더 방향을 돌려보면 과학자는 아니지만 괴테의 자연 연구에 관한 논문들을 추천하고 싶다.

이렇듯 과학만 해도 범위가 넓다. 게다가 분야별로 점차 전문화되고 있는 경향이라고 한다면 철학 연구가 과학과 관련을 맺어야 한다는 점을 이해할 것이다. 단, 인간은 만능이 아니기 때문에 어떻게 하면 좋겠느냐는 질문이 돌아올 것이다. 그런 질문을 받는다면 이번에도 자신이 중심이 되어야 한다고 대답하고 싶다. 시야를 넓혀 전체를 보는 것도 중요하지만, 한 학과를 택해 깊이 연구하고 가급적 전문가 수준에 도달하기를 권한다. 철학은 보편성을 지향하지만 보편성은 특수성과 맞물려서 존재한다. 추상적인 보편성을 추구하지 말고 특수성 속에서 보편성을 포착하는 안목을 키워야 한다. 수학적 물리학은 근대 과학의 전형이며 이를 아는 것도 중요하지만, 모든 사람이 거기에 소질이 있을 리는 없다. 하지만 자연과학과 문화과학의 수많은 갈래 중 각자가 흥미를 느끼는 분야, 자신과 맞는 분야가 있는 법이다. 베르그송은, 수학과 물리학은 그리스를 기점으로 기초가 확립되었으며 현대 과학 중 철학이 주목해야 할 분야는 생리학과 심리학이라고 했다. 이 의견의 옳고 그름을 떠나 그의 철학이 생리학 연구에 크게 기여했다는 것은 누구나 인정하는 사실이다. 예전에는 철학을 배우는 사람이 심리학을 공부하는 것은 당연했다. 그런데 논리주의를 내세우며 심리주의를 공격한 신칸트학파 철학이 일본에서 유행한 뒤로는 이 상식적 행동이 점차 사라졌다. 하지만 최근의 게슈탈트 심리학, 또는 실용주의 철학과 맞물려 발달하고 있는 미국 사회심리학 같은 분야는 철학 연구자가 돌아봐야 한다고 생각한다. 또한 현대 과학 중 특히 중요한 의미가 있는 학문으로는 사회과학, 문화과학, 정신과학, 역사과학 등이 있다. 역사적, 사회적 실재가 현대 철학의 근본 문제라는 말이 있을 정도다. 자연과학은 갈릴레이 이후로 기초가 확립되었다. 하지만 사회과학은 아직 확립된 것이 없으므로 그 기초를 확실하게 다지는 것이 현대의 주요 과제라 할 수 있다. 다시 말해 학문도 인생과 마찬가지로 자기 발견이 관건이다. 당연한 말이지만 자기란 그 시대 속에서 발견할 수 있다.

　물론 철학은 과학과 같지 않다. 하지만 철학은 과학으로 매개되어야 한다. 과학이 만능이라는 뜻이 아니다. 그렇게 여기는 사람에게는 철학이 필요하지 않다. 무조건 과학을 신봉하는 사람은 뛰어난 과학자가 될 수도 없다. 과학적 지식이 절대적이라고 생각하는 사람은 되레 신출내기다. 반면 참된 과학자는 늘 비판적이어서 회의적이라는 말까지 들을 정도다. 철학이란 과학을 의심하거나 그 한계를 생각하는 데서 비롯된다. 여기서 회의懷疑란 사물 바깥에서 그것을 의심하거나 한계를 생각하는 것이 아니다. 그런 것은 진정한 회의가 아니라 감상感傷이다. 회의와 감상은 구별할 줄 알아야 한다. 감상이 사물 바깥에서 바라보는 것이라면, 진정한 회의는 사물 속으로 한없이 깊이 파고든다. 학문에 대해서도 그렇고 인생에 대해서도 마찬가지다. 과학의 한계를 가볍게 입에 담는 사람은 덮어놓고 철학을 절대시한다. 감상은 독단에 빠지기 쉽다. 반대로 철학은 회의에서 출발한다. 회의가 감상과 얼마나 동떨어진 개념인지 알고 싶다면 앞서 언급한 데카르트의 《방법서설》 또는 회의론자라 불리는 흄의 《인생론》, 혹은 몽테뉴의 《에세이(수상록)》를 읽어보면 도움이 될 것이다.

· 8 ·

사람들은 대부분 삶의 문제로 철학에 이른다. 불가사의한 삶이야말로 철학의 가장 깊은 근원이다. 철학은 궁극적으로 인생관, 세계관을 추구한다. 단, 철학에서 인생관 또는 세계관은 논리를 매개로 풀어낸 것이라야 한다. 물론 직관을 경시해서는 안 된다. 직관도 훈련으로 향상될 수 있으며 그 훈련이 논리 훈련보다 훨씬 혹독하다는 점을 명심해야 한다. 철학 자체가 직관인지 여부에 대해서는 의견이 엇갈리지만 어느 쪽이 됐건 직관을 경시하는 것은 어리석은 일이며 직관을 기르는 것은 노력할 만한 일이다.

삶의 문제로 철학에 입문하려는 사람들에게는 우선 프랑스 모랄리스트의 연구를 추천하고 싶다. 파스칼, 몽테뉴 등의 일본어 번역서도 차츰 늘어나고 있다. 나는 특히 파스칼을 읽으며 깨달음을 얻었다. 그들의 인생론에는 특유의 실증성이 있다. 과학의 실증성과는 다르지만, 상통하는 면이 있다. 이 실증성에 주목해야 한다. 쉽게 읽힌다고 해서 대강 훑어보고 덮으면 안 된다. 어려운 말을 써야 철학이라고 생각한다면 비웃음거리가 될 만한 일이다. 그 책들은 멈춰 서서 사색에 잠기려는 사람에게 많은 생각을 하게 한다. 많은 생각을 던지는 책이 좋은 책이며 용어의 난이도와는 무관하다. 몽테뉴, 파스칼 등으로 시작해 철학의 주류로 들어가서 데카르트를 읽어도 좋고 스피노자의 《에티카(윤리학)》, 또는 마키아벨리의 《군주론》 등도 재미있을 것이다.

친구들과 철학 공부를 시작한 지 어느덧 스무 해, 그 사이 번역서를 포함한 일본 철학서도 점차 늘어났다. 많은 책을 폭넓게 읽어야 할지, 한 권을 깊이 파고들어야 할지에 대한 독서 방법론 문제가 철학을 공부하려는 사람들에게도 현실로 나타나고 있다. 둘 다 필요하지만 무엇을 우선할 것인가를 결정해야 한다면 나는 먼저 한 권에 집중해서 그것을 자기 것으로 만들라고 조언하고 싶다. 물론 그만한 가치가 있는 책이어야 한다. 칸트의 《순수이성비판》 같은 고전까지는 아니더라도 신간보다는 10년이나 15년 정도 명맥을 유지해온 것을 택해야 한다. 새로운 것도 중요하지만 그것부터 시작하면 한 권을 정독하는 습관이 배지 않을 우려가 있다. 이것이 바로 오늘날의 독자가 처한 환경이다. 삶에 대해 깊이 생각하려면 두말할 것도 없이 동양 고전을 읽어야 한다.

　나는 앞서 철학을 공부하려는 사람들도 직관을 길러야 한다고 했다. 그런데 철학을 학문으로 공부하는 것은 곧 사고, 명료한 사고를 배우는 일이다. 물론 직관도 나름대로 명료하고 엄밀하다. 단, 논리적으로 명료하고 엄밀하게 사고할 줄 모르는 사람은 직관의 명료함과 엄밀함에도 다다를 수 없으며 철학에서도 중요한 사람이 되지 못한다. 명료한 사고를 배우려면 우선 어떤 책부터 읽어야 할까. 우선 리케르트의 《인식의 대상》 같은 책을 추천한다. 우리가 철학 공부를 시작하던 시기에는 거의 모두가 입문서로 읽은 책이다. 지금은 얼마만큼 읽히는지 모르겠지만, 여전히 적절한 입문서 중 하나라고 생각한다.

## · 9 ·

　앞서 명석한 사고를 배워야 한다고 말했다. 사고란 본디 명석한 사고를 뜻한다. 물론 깊이도 중요하다. 다만 그냥 탁해서 속이 보이지 않는 경우일 수도 있다. 깊어 보인다고 다 깊은 것은 아니며 정반대인 경우가 많다. 한없이 맑으면서도 깊이를 가늠할 수 없어야 진정으로 깊다고 할 수 있다. 진정으로 깊으면 늘 풍요롭다. 끊임없이 솟아나는 풍요가 없다면 진정으로 깊이가 있다고 할 수 없다. 이는 곧 넓다는 뜻이기도 하다. 철학을 시작하는 사람은 사물을 분명하게, 넓게 생각하는 법을 배워야 한다. 넓게 보고 넓게 생각하는 것은 독단이나 편견과 대립되어야 하는 철학의 기본 조건이다. 깊이는 배워서 얻기 힘들다. 깊이란 결국 인간의 위대함이다. 사실은 그렇지 않은데 깊어 보이는 것이 있다면 그건 오만함 pedantry이나 감상주의에 불과하다. 깊이란 학문을 매개로 삼아 학문보다 고차원의 인격 수양을 통해 자연스레 드러나는 것이다. 이른바 단순한 오만함 또는 감상주의에 불과한 깊이에 현혹되지 않고 그것을 돌파하는 것이 철학 정신이다. 명료한 책은 늘 이롭지만, 깊이 있어 보이는 책은 학문에 해로운 경우가 많다. 진정한 깊이란 무엇인가. 철학을 배우는 일은 진정한 인간이 되는 길이다. 모든 사람이 제각기 독자적인 존재이듯, 깊이도 저마다 독자적이다. 나는 일반적인 깊이를 믿지 않는다. 만약 일반적인 깊이가 존재한다면 명료한 직관과 사고가 가능해야 한다.

사고에 대해 생각하면 논리학이 떠오른다. 철학에 입문하려는 사람은 마땅히 논리학 관련 지식이 있어야 한다. 우선 일반적으로 논리가 무엇인지 알려면 하야미 히로시 선생님의 《논리학》을 읽으면 된다. 영서로는 제번스의 《논리학 교과서》를 추천한다. 다소 방대하지만 밀의 《논리학 체계》는 고전으로서 지금도 배울 점이 많다. 역시 방대하지만, 독일 책 지그바르트의 《논리학》 등은 논리학에서 시작해서 인식론에 입문하는 책으로 적절하다.

명료한 사고를 배우는 것은 곧 분석력을 기르는 일이다. 최근 들어 분석을 배제하려는 경향이 있는데, 분석 없이는 학문도 없다. 동양적인 직관과 종합도 존중받아야 하지만, 그것이 학문이 되려면 논리를 통해야 한다. 철학적 분석을 단련하려면 아리스토텔레스의 저서, 그중에서도 《형이상학》 같은 책과 칸트의 저서, 특히 《순수이성비판》 같은 책을 공부해야 한다. 아리스토텔레스는 형식론을 완성한 사람이고 칸트는 선험론을 창시한 사람이다. 내용 때문에라도 반드시 읽어야 한다. 내용 없는 사유, 분석이 아닌 듯한 분석이 존재할까. 이런 책들은 철학적으로 사유할 수 있도록 우리를 단련한다. 수월하게 읽을 수 있는 책은 아니다. 난해한 내용에 부딪칠 용기와 끈기가 중요하다. 사고하는 법을 배우려면 해설서에 의존해서는 안 된다. 문제의 근원을 파고드는 책과 씨름하며 공부하는 것이 중요하다.

· **10** ·

논리에도 여러 가지가 있다. 오늘날 일본에서는 누구나 변증법을 말한다. 변증법에는 분명 심오한 진리가 있지만, 처음부터 변증법에 현혹되었다가는 매너리즘에 빠져 오히려 진보하지 못하거나, 절충주의에 빠져 창의성이 막히거나, 모든 문제를 겉으로는 엄격하게 다루는 것처럼 보여도 실상은 대강 처리할 위험 등이 있다. 분명 호랑이를 그렸는데 개와 비슷한 그림이 되는 사례가 변증법에 많다. 학문에서는 외양이 아닌 내실이 중요하다. 겉으로는 어렵게 보이고 깊어 보여도 뿌리가 상식을 벗어나지 못한다면 학문하는 보람을 찾을 수 없다. 그러므로 종착점은 변증법일지라도 우선은 아리스토텔레스의 논리나 칸트의 논리부터 자세히 연구하라고 권하고 싶다. 그래야 오류가 없는 데다 따라야 할 순서이기도 하다. 새로운 철학은 새로운 논리를 내세우며 나타나는 법이다. 따라서 인내심을 가지고 논리 문제를 깊이 연구하는 것이 중요하다.

최초로 변증법을 고안한 사람은 헤겔이다. 따라서 변증법을 배우려면 그의《논리학》같은 저서를 반드시 공부해야 하지만, 책은 다소 난해하다고 알려져 있다. 그래서 헤겔을 공부하려면 무엇부터 시작해야 하느냐는 질문을 자주 받는다. 비교적 이해하기 쉬운 책으로 보통《역사철학》을 드는데, 이것도 적당하지만 나는《철학사》를 추천하고 싶다. 헤겔의 철학사는 그 자체로 오늘날에도 가치가 있을 뿐 아니라, 늘 철학을 철학사와 동일한 개념으로 보고 철학사적 교양을 예상하는 그의 철학을 이해하기 위해, 그리고 사물을 변증법적으로 보는 시각을 기르기 위해 제일 먼저 읽어야 하는 책이다. 헤겔에 대해 쓴 수많은 참고 서적을 읽기보다는 아무리 난해하더라도 헤겔의 글 자체를 몇 쪽이라도 연구하는 것이 훨씬 중요하다는 점을 명심하자. 정, 반, 합이나 부정의 부정 등의 형식을 외우라는 소리가 아니다. 사물을 변증법적으로 분석하는 법을 배우는 것이 관건이다. 변증법의 틀에 끼워 맞춰 사물을 생각하라는 뜻이 아니다. 사물을 진정으로 파악하면 그것이 곧 변증법이 되는 식이다. 논리는 사물의 내부에 있어야 한다.

　논리학은 인식론과 이어져 있다. 아니, 둘은 하나다. 인식론이라는 문제가 어떤 것인지 알기 위해 먼저 읽을 책으로는 앞서 언급한 리케르트의 《인식의 대상》 등이 좋겠다. 아니면 취향을 달리 해서 로크John Locke의 《인간오성론》이나 흄의 《인성론》부터 차근차근 시작해도 괜찮다. 독일 쪽에서는 인식론 입문 또는 개론이라 불리는 책이 많은 모양인데, 이런 종류의 책은 대개 수험용인 경우가 대부분이라서 읽는 재미가 없고 배울 점도 없을 듯하다.

　철학의 주요 문제는 보통 인식론과 형이상학으로 나뉘지만, 사실 이 두 가지는 밀접한 관련이 있다. 지식의 문제는 실재의 문제를 포함하고 실재의 문제는 지식의 문제를 포함한다. 칸트의 《순수이성비판》은 흔히들 인식론 문제를 다룬 책으로 알고 있지만, 하이데거 교수님처럼 형이상학의 기초로 보는 시각도 존재한다. 우리가 철학 공부를 시작한 시기는 인식론의 전성기였지만, 반대로 오늘날에는 형이상학이 유행하고 인식론은 별로 고려하지 않으며 논리도 거의 변증법만 고집하는 추세다. 이러한 흐름에도 필연성이 있겠지만, 지금과 같은 시대에 인식론의 문제로 되돌아간다면 새로운 철학이 탄생할지도 모른다. 철학자에게는 시대 속에 존재하면서 그것을 초월하려는 마음의 여유와 정신의 자유가 필요하다.

논리란 무엇인가, 구체적으로 풀어보면 특히 과학의 논리, 또는 인식론적 의미에서 과학의 방법론이다. 앞서 언급했듯이 이것은 철학의 중요한 영역 중 하나다. 물론 철학의 문제는 논리의 문제건 실재의 문제건 과학뿐 아니라 온갖 방면에 걸쳐 있다. 다시 한 번 말하지만 우리는 각자가 서 있는 곳에서 문제를 파악하고 철학을 마주해야 한다. 기존 철학에서 문제시된 것이 무엇인지도 알아야 하지만, 현대에는 현대의 문제가 있다. 지금과 같은 전환기에는 철학이 죽느냐 사느냐의 중대한 위기에 처해 있지 않나 생각한다. 문제를 발견했다면 이미 문제를 절반쯤 해결한 셈이라는 말이 있지만, 큰 철학은 늘 큰 문제를 내세우며 등장했다. 앞으로 철학을 하려는 사람에게 거는 기대가 큰 만큼 큰 각오가 필요하다.

## · 11 ·

그런데 창조는 전통 없이는 존재할 수 없다. 그런 의미에서 철학을 할 사람은 끊임없이 철학사를 들여다봐야 한다. 철학사를 처음 읽는다는 사람에게는 하타노 세이이치 교수님의 《서양철학사 개요》를 추천한다. 조금 더 자세하고 더 쉬운 책을 원하는 사람에게는 포르렌더Hans Vorländer의 《서양철학사》가 적당하겠다. 빈델반트의 《철학사 교과서》는 문제사問題史적 관점에서 풀어낸 철학사이며 한번쯤 봐야 하는 명저이지만 입문서로는 쉽지 않은 책이다. 각 시대마다 표준적인 서적이 있지만, 번거로운 관계로 여기에 적지는 않겠다. 또한 위버베크Friedrich Ueberweg의 《철학사》처럼 사전으로 보기 편한 책도 있다.

서양 철학에서 중요한 원류는 근대 과학을 제외하면 그리스 철학과 기독교다. 나는 하타노 교수님의 강의와 얘기를 통해 이런 것들에 눈떴다. 서양 철학을 연구하려는 사람은 기독교 지식을 갖추어야 하는데, 특히 그리스 철학을 공부하는 것이 중요하다. 이 연구는 특히 이 시대에 중요한 의미가 있다. 니시다 교수님의 사상도 교수님이 그리스 철학에 깊이 몰입한 후 눈부신 발전을 이룬 듯하다. 철학사에서 사상의 역사적 연관성도 알아야 하지만, 더 나아가 스스로 원전을 찾아보며 연구하는 것이 중요하다. 고전은 원어로 읽는 것이 최고지만, 설사 번역서를 보더라도 완전한 형태로 읽어야 한다. 뭐든 원어로 읽어야 직성이 풀린다며 읽어야 할 책을 읽지 않는 사람이 있다. 얼마나 어리석은 일인가. 끊임없이 고전을 접하는 것이 중요하다고 해서 새로운 것을 읽지 않아도 된다는 뜻은 결코 아니다. 고전 속에만 갇혀 있으면 독선적이 되거나 학문이 취미로 전락할 우려가 있다. 고전도 새로운 시각으로 보지 않으면 활용할 수 없으며, 그러려면 현대의 문제에 깊은 관심을 가져야 한다. 그렇다고 고전을 마음대로 해석해도 좋다는 말은 아니다. 처음부터 그런 태도로 임하면 어떤 책을 읽어도 득이 되지 않는다. 진정한 독서를 하면 읽는 나와 저자가 대화를 나눌 수 있다. 저자에게 멋대로 질문을 던지라는 말이 아니다. 내가 던지는 질문은 사실 저자가 나에게 하는 질문이며, 나에게 문제가 없으면 저자 역시 나에게 아무것도 묻지 않는다. 그러므로 물음은 답이 되고 답은 다른 물음을 낳으며 문답이 끝없이 전개된다. 이 대화의 정신이야말로 철학 정신이다.

철학의 각 부문, 이를테면 역사철학과 사회철학, 예술철학, 종교철학 등에 관한 주의사항을 내 보잘것없는 경험을 바탕으로나마 일러주고 싶지만 나에게 주어진 지면은 여기까지이니 이만 마치도록 하겠다.

철학은 쉬워질 수 없는가

철학은 어렵다고 정평이 나 있다. 철학이 어려운 이유는 무엇일까, 철학은 더 쉬워질 수 없을까. 이런 물음에 대한 답을 써달라고 잡지 〈철탑〉의 편집자가 두세 번 주문하고 재촉해서 내 의견을 적게 되었다.

　나도 평소 어려운 글을 써서 독자를 괴롭히는 사람 중 하나지만, 우리도 나름대로 우리 입장에서 할 말이 있다. 우선 입장부터 밝혀야겠다. 철학도 하나의 학문이다. 당연히 다른 학문과 마찬가지로 아무런 준비도 없이 곧바로 이해할 수는 없다. 이해하려면 그만큼 준비를 해야 한다. 철학만 게으른 자의 비위를 맞출 이유가 없다. 철학도 최소한 다른 학문과 동등한 권리가 있으며 이해에 필요한 학문적 훈련을 단계별로 실시하라고 요구할 수 있다. 당연한 이치지만 일러두기를 잘했다고 생각한다. 타인을 비난하기 전에 자신부터 반성하라는 말에는 도덕적인 의미만 있는 것이 아니기 때문이다.

그래도 철학이 여전히 어렵게 느껴지지 않는가. 여기에는 반대로 철학자 자신이 반성해야 할 문제들이 있지 않을까 생각한다.

단순한 사실이지만 '어렵다'와 '이해가 안 간다'는 다르다. 예컨대 고등수학은 어렵지만 이해가 안 가는 것은 아니다. 차근차근 공부하다 보면 이해가 간다. 철학에도 이와 비슷한 의미의 어려움이 있다. 그러니 어렵다고만 하지 말고 이해하기 위해 차근차근 공부해야 한다. 단, 수학에서는 '이해가 안 가는'이 붙는 일은 거의 없는 반면 철학에서는 '이해가 안 가는'이 종종 붙는 듯하다. 사실 어렵다기보다는 처음부터 이해가 안 갔다는 말이 정확하다. 이해가 안 가는 내용 때문에 어렵다는 평판을 얻은 것도 있다. 철학이 '어렵다'는 평가를 받는 것은 어쩔 수 없다 치더라도 '이해가 안 가는' 내용이 있다면 곤란하다. 그것을 쓴 저자조차 내용을 잘 이해하지 못했기 때문이라는 말이 나올 것이다. 좋은 수학자가 쓴 수학 책이 쉽게 읽히듯, 좋은 철학자가 쓴 철학 책은 쉽다. 그러니 모르는 것은 모른다고 인정하고 내가 이해한 내용만 명료하게 써야 한다. 이는 나와 타인 모두에게 도움이 되는 일이다. 이해시키려면 속이지 말아야 한다. 이해시키려면 논리적이고 이론적이어야 하며 방법적이고 질서적이어야 한다. 이 조건을 충족하지 않아서 어렵다면 사실은 어려운 것이 아니라 이해가 안 가는 것이다.

그렇다고 해도 고등수학이 어렵다는 말과 철학이 어렵다는 말은 종류와 의미 면에서 다른 듯하다. 고등수학의 경우 아무런 준비도 하지 않은 상태에서 갑자기 시작할 일 자체가 별로 없다. 반면 철학은 누구나 어떤 사건을 계기로 시작하게 된다. 철학 입장에서는 치욕이 아니라 영광스러운 일이다. 하지만 이러한 영광이 철학에 대한 비난으로 바뀔 때가 있다. 철학이 어렵다는 비난 말이다. 비난하는 이들이 철학을 통해 얻고자 한 것은 인생관이나 세계관 등, 흔히들 사상이라 말하는 것들이다. '이론'과 '사상'은 구별되는 개념이다. 철학에는 이론적 요소와 사상적 요소가 있다. 본디 두 요소는 동떨어져서는 안 되며 사상이 이론화된 것을 철학이라 볼 수 있다. 최근의 철학은 정밀한 과학에 대한 요구가 강해서 사상보다는 이론에 중점을 두는 추세다. 공교롭게도 그런 점 때문에 철학을 통해 갑자기 사상을 얻고자 하는 이들이 철학을 어렵다고 느끼는 듯하다. 따라서 오늘날의 철학이 이해하기 쉽다는 인상을 주기 위해서는 사상적 요소가 더 풍부하게 담겨야 한다. 더 정확히 말해 철학은 더 풍부한 사상을 배경으로, 또는 기반으로 구축해야 한다. 실제로 철학에서 '사상'에 대한 요구는 근원적이어서 사상적 요소를 배제하고 순수한 '이론'으로서 철학을 확립하자는 주장이 이미 하나의 사상, 즉 하나의 세계관 또는 인생관으로 인정될 정도다. 철학에서 사상은 이론화에 대한 요구에 시달리겠지만, 사상 본연의 직관적으로 이해하는 성질은 잃지 않을 것이다. 그래서 풍부한 사상으로 확립된 철학에는 '이론 없이도 이해가 가는' 면이 있다. 이러한 관점에서 철학이 어렵다는 지적이 나오는 까닭은 철학의 사상적 요소가 빈약하기 때문이다.

　현재의 일본 철학이 어려운 이유가 서양 철학을 모방한 데다 번역했기 때문이라는 말을 흔히 듣는다. 하지만 잘 생각해보면 수학이나 물리학도 근본적으로는 마찬가지가 아니냐고 반박할 수도 있다. 혹자는 철학에서 쓰는 말이 별나서 잘 모르겠다고 한다. 하지만 물리학 용어나 수학 부호도 초보자는 알 턱이 없지 않은가. 철학 용어들도 조금만 공부하면 알 수 있는 것들이다. 따라서 철학이 어렵다는 사람들의 지적에는 근본적으로 뭔가 다른 의미가 있으며 철학의 특수성 중 하나와 관련이 있다는 얘기가 된다. 철학에는 모방할 수 없는 것, 번역할 수 없는 무언가가 있다는 특수성 말이다. 철학의 이론적 요소는 아닐 테고 사상적 요소일 것이다. 모방 또는 번역이 불가능한데 모방하고 번역하려고 하니 어려워지고 이해가 안 가는 것이다. 이론은 모방하건 번역하건 이해가 가는 법이다(물론 진정한 모방, 진짜 번역이어야 한다). 그렇지 않다면 사상이다. 게다가 이론도 철학에서는 사상과 결합되어 있으며 동떨어져 있지 않다. 따라서 철학에는 '사색의 근원성'이 요구된다. 따라서 대철학자의 작품은 수많은 아류의 저서보다 본질적으로 이해하기 쉽다. 사색의 근원성이 있기 때문이다. 고전은 다른 책보다 이해가 잘 된다. 고전으로 인정받는 책에는 '천재적인 단순성'이 있다. 해설서보다 원전이 쉽다는 점은 대다수가 경험했을 것이다. 그러므로 철학에서 중요한 것은 사색의 근원성이어야 한다. 스스로 제대로 생각하고 쓴 책은 알기 쉽다. 스스로 생각해야 한다고 해서 꼭 독창적일 필요는 없다. 철학의 역사를 좀 더 면밀히 살펴본 사람은 이른바 창조적인 요소가 그리 많지 않다는 사실을 알 것이다. 모든 철학 연구자에게 독창성을 기대할 수는 없으되, 사색의 근원성을 바랄 수는 있다. 다른 철학을 모방하거나 번역하지 말고 다른 철학을 따르거나 그것을 실마리 삼아 스스로 생각하면 된다. 그런 사색의 근원성이 없다면 다른 철학을 진정으로 이해할 수도 없을 것이다. 예술을 진정으로 즐기는 방법은 창작 활동을 하는 것이라는 말과 같은 뜻이다. 사색이 근원적이면 철학의 문제가 살아나고 문제가 살아나면 사람들은 철학을 더 쉽게 이해할 수 있게 된다. 문제가 살아 있는 철학은 아무래도 이해하기가 쉽다. 현실성을 내포한 문제이기 때문이다. 책이 아니라 사물을 통해 생각하는 것이 중요하다. 현실적인 문제가 아닌 것을 유행이라고 해서, 또는 사람들이 거론한다고 해서 나 자신이 그것을 문제로 삼는다면 이해가 안 갈 수밖에 없다.

현재의 일본 철학은 너무 절충적 또는 혼합적이어서 어렵다고 지적할 수도 있다. 이는 사색의 근원성을 잃었기 때문이다. 사색의 근원성 측면에서 자신이 진정 근원적으로 이해하고 사유하고 연구해갈 수 있는 입장이 그리 다양하지는 않을 것이다. 어떤 이에게는 어떤 종류의 철학이 성격에 맞고congenial 다른 이에게는 다른 종류의 철학이 맞다. 내 성격에 잘 맞고, 따라서 운명적 혹은 성격적이라고 할 만한 철학을 하는 것이 자신은 물론 타인에게도 유익한 일이다. 지금의 일본처럼 철학에도 최신 유행이 있지만 어지러울 정도로 끊임없이 변해가고, 뭔가가 유행하면 성격에 맞지 않는 사람까지 모두가 그것을 뒤쫓는 추세라면 철학이 어렵다는 비난이 나와도 어쩔 수 없다. 그런 상태에서는 사색의 근원성도, 순수성도 찾아볼 수 없고 따라서 철저성도 없기 때문이다. 유행을 쫓는 것은 철학에서도 낭비를 뜻한다. 개인이건 철학계 전반이건 분명 낭비다. 그런 상황이 일본에서 두드러지게 나타난다면 아직 일본 철학에 제대로 된 전통이 없기 때문이다. 이 전통의 부재야말로 철학이 어려운 원인 중 하나, 아니 최대의 원인이다. 전통이 없기에 철학이 자연적 교양으로 대중 사이에 널리 퍼지지 못하고 있다. 전통이 없기에 철학이 다른 문화에 침투하지 못하고 있다. 그래서 더더욱 철학이 어렵게 인식되는 것이다. 철학이 쉽게 이해되려면 예술, 과학 등 모든 문화에 뿌리를 내려야 한다. 그런 노력이 별로 없다는 점이 유감스럽다. 철학이 철학자만의 전유물처럼 되고 그들끼리만 알아듣는 말을 하는 듯이 보이는 것도 유감이다. 이런 경향이 철학을 쓸데없이 어렵게 하는 요인은 아닐까.

또한 지금의 일본 철학은 독일 철학의 영향 때문에 어렵다고 한다. 일리가 있는 말이다. 프랑스 또는 영국 철학은 독일 철학에 비해 쉬워 보인다. 하지만 본질적 문제와는 상관없다. 다 아는 것 같아도 사실은 모르는 경우가 있다. 이를테면 아무리 프랑스 철학을 혼자 공부하려고 애써도 좀처럼 할 수 없다는 사실만 봐도 알 수 있다. 혼자 공부하려면 성격과 재능이 필요하기 때문이다. 그런 성격과 재능은 독일 철학을 할 때에도 필요하다. 독일 철학은 관념적이고 질서정연한 구성이어서 교과서로 쓰기 편하며 하나씩 연결해 논문을 완성할 수 있다. 그래서 철학 논문의 소재로는 독일 철학이 적합하다. 하지만 그런 식으로 논문을 작성하는 바람에 철학이 어렵게, 아니 이해할 수 없게 되고 말았다. 논문을 쓰기 위한 편법을 버리고 진정한 철학의 어려움을 알고 싶다면 프랑스 철학을 읽는 것이 바람직할 수도 있다. 프랑스에서 철학적이라고 인정받을 만한 글을 쓰기는 쉽지 않다. 그러다가 자연스레 독일 철학으로 방향을 바꾸는 일이 없으면 다행일 정도. 독일 철학이라면 뭐든 중요시해서 읽는 경향이 너무 심한 것은 아닐까, 아류작을 너무 중요시하며 읽는 바람에 철학이 어려워진 건 아닐까. 독서는 철학에서도 중요하다. 하지만 앞뒤 가리지 않고 닥치는 대로 읽다 보면 좋은 책과 나쁜 책을 구별할 수 없게 된다. 그 영향을 두려워해야 한다.

지금의 일본 철학이 어려운 이유는 너무 조급하고 여유가 없기 때문이다. 고전에는 여유와 차분한 구석이 있다. 하지만 그런 면이 드러나기는 쉽지 않다. 어쨌거나 더 여유 있는 글을 쓰도록 노력해야 한다. 워낙 금방 잊어버리는 사항이라 일러두고 싶었다.

본질 문제를 떠나 철학이 쉬워지려면 계몽적인 논문과 책이 더 많이 등장해야 한다. 철학도 학문인 만큼 계몽적인 글도 충분히 나올 수 있다. 단, 정말로 그럴 능력이 되는 사람이 써야 한다. 계몽적인 글이라고 아무나 쓸 수 있는 내용은 아니며, 우리가 상상하는 것 이상으로 어려운 작업이다. 그 어려움을 잘 아는 사람이 어려움을 극복하고 계몽적인 글을 쓰기를 바란다. 계몽적이라는 말과 속류화라는 개념은 엄밀히 구별해야 한다. 철학이 속류화되면 정말 쉬워지는 것이 아니라 이해가 되는 듯한 느낌만 들고 실제로는 아무것도 모르는 상태가 된다. 속류화는 철학을 사라지게 한다. 철학을 없앤다고 이해가 잘 되는 것은 아닐 터다. 철학을 이해하기 쉽게 한다는 미명하에 속류화했다가 철학 자체가 말살되거나 철학 정신이 사라지는 것은 아닌지 경계해야 한다. 계몽은 철학 자체의 계몽이며, 철학 정신의 계몽이라야 한다. 그러므로 참된 '철학자'만이 철학에 대해 진정으로 계몽적일 수 있다. 그런 의미에서 고전이야말로 최고의 계몽서다. 철학에서 중요한 것은 사물을 바라보는 관점과 사고방식, 방법이다. 결론이 아닌 과정과 방법이 중요하다는 데에 철학적 계몽 특유의 어려움이 있다. 단, 방법은 그 방법이 활용되어 생산적으로 작용할 때 가장 효과적으로 배울 수 있으며 그러려면 대철학자의 저서를 읽는 것이 가장 좋다. 이 밖에도 대철학자의 글에는 계몽 정신이라 할 만한 무언가가 담겨 있다고 생각한다. 과학으로서 뿐만 아니라 교육으로서 철학 이념을 확립했다는 점에서 플라톤은 위대하다. 계몽, 교육, 기도 정신이라는 말을 들으면 질색할 수도 있겠지만, 위대한 철학은 사람들에게 호소하는 특성이 있는 듯하다. 그런 점이 결여된 탓에 철학이 어렵게 느껴지는 것은 아닐까. 혼잣말 같은 철학은 어렵다.

이것이 질문에 대한 나의 감상적인 답변이며 동시에 나 자신에게 이르는 말이기도 하다.

책은 어떻게 읽어야 하는가

## · 1 ·

우선 책 읽는 습관을 길러야 한다. 다른 것과 마찬가지로 여기서도 습관이 필요하다. 우리 인간은 의무 때문에 또는 흥미롭다는 이유 하나만으로는 책을 읽을 수가 없는 존재다. 습관이 많은 영향을 미친다. 그리고 다른 일과 마찬가지로 책 읽는 습관도 일찌감치 길러야 한다. 학생 시절에 책 읽기 습관을 들이지 못한 사람은 아마 평생 책 읽는 재미를 이해하지 못할 것이다.

책 읽기 습관을 기르려면 여가를 만들려고 노력해야 한다. 인생에서 여가란 만들려고 노력만 하면 어디에서든 찾아낼 수 있다. 아침에 집을 나서기 전 30분, 밤에 잠자기 전 1시간 등 작정하면 언제든 짬을 낼 수 있다. 현대에 이르러 일상생활이 확실히 분주해지긴 했다. 하루 종일 방해받지 않고 책 읽기가 가능했던 옛날 사람들이 부럽기만 하다. 하지만 아무리 바쁜 사람도 자기가 좋아하는 일을 위해서라면 여가 시간을 만들 줄 안다. 책 읽을 시간이 없다는 말은 읽지 않으려는 구실일 뿐이다. 더구나 학생은 직장인에 비해 훨씬 여가 시간이 많다. 심지어 다른 오락거리처럼 상대가 필요하지도 않다. 사람은 홀로 책 읽는 즐거움을 맛볼 수 있다. 아니, 독서로 동서고금의 모든 위인과 만날 수 있다는 점을 큰 기쁨으로 여겨야 한다. 책 읽는 시간을 마련하기 위해 쓸데없이 분주한 일상을 정리한다면 삶은 그만큼 더 풍요로워질 것이다. 독서는 마음을 편안하게 해준다. 이것만으로도 안정감을 잃은 현대 생활에서 독서가 지니는 의의는 크다.

책 읽기를 원하는 사람은 현명하게 여가 시간을 만듦과 동시에 규칙적으로 읽어야 한다는 점을 명심해야 한다. 하루도 빠짐없이 매일 일정한 시간에 단 30분만이라도 책 읽는 습관을 들이는 것이 관건이다. 그런 식으로 습관을 유지하다 보면 20년쯤 후에는 훌륭한 학자가 되어 있을 것이다. 책 읽기 습관은 책 읽을 여가를 만들어낸다. 책 읽을 시간이 없다는 것은 책 읽는 습관이 없다는 증거다. 책 읽기 습관이 생긴 사람은 책을 읽으며 아주 특별한 즐거움을 발견할 것이고 그 즐거움 덕분에 책 읽기를 멀리하지 않을 것이다.

다른 경우와 마찬가지로 책 읽기에도 용기가 필요하다. 우선은 행동부터 시작해야 한다. 우리는 늘 책 읽기 좋은 상황에 있지 않다. 책 읽기 좋은 상황이 되었을 때 읽어야겠다고 생각하다 보면 끝내 읽지 못할 것이다. 일단 책을 읽기 시작하면 복잡한 마음도 편안해지고 근심도 잊고 불운한 처지도 마음에 걸리지 않아 온전히 책 읽기 좋은 상황이 된다. 마지못해 시작했다가 어느새 재미있어져서 그만두지 못하는 경우도 많다. 일단 책 읽기를 시작하면 책 읽기에 적합한 마음이 된다. 책 읽는 습관이 생기면 습관이 모든 정념을 가라앉힌다. 차분해 보이는 대학생에게는 대개 책 읽는 습관이 있다.

· 2 ·

책 읽기는 일종의 기술이다. 모든 기술에는 일반 규칙이 있으므로 이를 파악하는 것이 중요하다. 예로부터 책 읽는 법에 대한 글도 다양했다. 단, 일반 이론을 응용만 한다고 기술이 되지는 않는다. 기술이 되려면 일반 이론이 주체화되어야 한다. 주체화란 곧 개별화를 의미한다. 이것이야말로 기술의 습득이며 몸에 배지 않은 기술은 기술이라 할 수 없다. 책 읽기에서 습관이 중요하다는 것으로 책 읽기가 기술임을 알 수 있다. 기술은 습관이 되면서 몸에 배고 습관이 되지 않은 기술은 더 이상 기술로서 가치가 없다. 그렇다고 해서 책 읽기에 일반 규칙이 존재하지 않는다는 뜻은 아니다. 만약 어떠한 일반 규칙도 존재하지 않는다면 그것은 기술이 아니다.

일반 규칙의 주체화를 요구한다는 점에서 수공업 기술은 그 자체로 공장 생산 기술보다 훨씬 큰 무언가가 있다. 더구나 책 읽기는 정신 기술이므로 저마다의 기질에 따라 일반 규칙이 더 개별화되어야 한다. 저마다의 기질을 떠나서는 책 읽기 기술이 존재할 수 없다고 해도 될 정도다. 책 읽는 법은 각자에게 성격적인 것이다. 그러므로 제각기 자신에게 맞는 독서법을 발명하는 것이 가장 중요하다. 책 읽기 기술에 관한 한 사람들은 발명가가 되어야 한다. 물론 발명의 기초에는 일반 규칙이 존재한다. 하지만 자신의 기질에 맞는 독서법을 스스로 발명하는 데 성공하지 못한 사람은 오래도록 즐겁게, 유익하게 책을 읽지는 못할 것이다.

단, 이렇듯 자신만의 독서법을 발견하려면 우선 많이 읽어야 한다. 다독은 닥치는 대로 읽는 남독濫讀과 다르지만, 남독은 분명 다독 중 하나이며 일반적으로 다독은 남독에서 시작한다. 예로부터 책 읽는 법에 대해 쓴 이들은 대부분 남독을 경계했다. 무작정 많은 책을 읽지 말고 한 권을 반복해서 읽어야 한다고 일렀다. 이는 명백한 진리다. 하지만 그것은 노인이 과거에 저지른 과오를 돌아보며 자신과 같은 실수를 저지르지 않도록 다음 세대의 청년에게 주는 교훈과 비슷하다. 그런 교훈에는 선한 의지와 올바른 지혜가 담겨 있다. 하지만 노인이 준 교훈을 충실하게 지키는 데만 그치는 청년에게는 진보성, 독창성이 부족하다. 오래전부터 같은 교훈을 되풀이해 전했음에도 인류는 언제까지나 같은 오류를 범하고 있다. 이를테면 연애의 위험에 대해 예로부터 여러 번 가르침을 받았지만, 청년들은 늘 그토록 위험한 연애에 몸을 맡기며 끝내 신세를 망치는 사람도 끊이지 않고 나타나지 않는가. 실수를 두려워하는 사람은 아무것도 얻지 못한다. 인생은 모험이다. 부끄러워해야 할 점은 오류를 범한 것 자체가 아니라 자신이 범한 오류에서 아무것도 배우지 못하는 데 있다. 노력하는 이상 사람은 실수하게 되어 있다. 오류는 인생에서 비약적인 발전의 계기가 되기도 한다. 그러므로, 노인의 경험에 근거한 분명 유익한 교훈이 많음에도 불구하고, 신 또는 자연은 청년이 스스로 다시 시작할 수 있도록 세상을 만들어놓았다. 물론 그렇다고 해서 앞서간 사람이 주는 교훈이 뒷사람에게 무의미하다는 뜻은 결코 아니다. 여기에 인생의 신비와 재미가 있다. 독서와 남독도 비슷한 관계다. 남독을 경계하는 것은 중요한 일이다. 하지만 사람은 남독의 위험을 통해 자신의 기질에 맞는 독서법에 도달할 수 있다. 한 권의 책을 정독하라는 말을 들은들, 많이 읽어보지 않으면 자신에게 필요한 한 권이 무엇인지 알 길이 없지 않은가. 고전을 읽으라고 하지만, 세상에는 이미 동서고금에 걸쳐 수많은 고전이 존재한다. 게다가 새것을 알지 못하면 고전의 새로운 의미를 발견할 수도 없다. 책 읽기는 보통 남독부터 시작한다. 하지만 언제까지고 남독에 머물러 있는 것은 바람직하지 않다. 진정한 독서가는 거의 다 남독부터 시작했다. 하지만 남독에서 벗어나지 못하는 사람은 진정한 독서가가 될 수 없다. 남독은 거기서 탈피한다는 전제하에서 의미가 있다.

　남독에 머물러 있지 말라고 해서 다독하지 말라는 얘기가 아니다. 과연 다독하지 않는 독서가가 존재할까. 사실 독서가란 다독가의 별칭이다. 현자는 단 한 권의 책밖에 읽은 적이 없는 사람을 경계한다는 속담이 있다. 사람은 많이 읽어야 한다. 단 한 권밖에 읽지 않은 사람이 되지 않으려면 책을 읽어야 한다. 달리 말해 일면적인 사람이 되지 않기 위해 책을 읽어야 한다. 내 시대뿐 아니라 지나간 시대를, 내 나라뿐 아니라 전 세계를, 전반적인 생활과 사상을 제대로 내다보려면 많이 읽어야 한다. 즉, 책을 읽을 때에는 일반교양을 염두에 두는 것이 중요하다. 독서가란 일반교양을 갖추기 위해 책을 읽는 사람을 가리킨다. 자신의 전문 분야와 관련된 서적만 보는 사람은 독서가라 할 수 없다. 특정한 전문 지식을 보유했다고 교양이 있는 게 아니다. 교양이란 언제나 일반지식을 의미한다. 전문가가 되기 위해서도 당연히 책을 읽어야 하지만 일반교양을 갖추기 위해서도 책을 읽어야 한다. 전문가 또한 일반지식을 갖추게 되면 자신의 전문 분야가 학계 전체에서, 또는 사회와 인생에서 어떤 위치를 차지하는지, 어떤 의미를 지니는지를 바르게 인식할 수 있다. 전문가도 인간으로서 교양을 갖추고 전문가 특유의 일면성의 악습에 빠지지 않도록 책을 읽어야 한다. 게다가 전문 분야가 아닌 책을 통해 자신의 전문 분야에 도움이 될 여러 시사점을 얻는 경우도 적지 않을 것이다. 그리하여 다독은 남독이라는 의미에서는 피해야 하지만, 넓게 많이 읽는 박독博讀이라는 의미에서는 필요하다.

따라서 남독과 박독을 구별하는 중대한 기준 중 하나는 그 사람에게 전문 분야가 있는지 여부다. 아무런 방향도 없고 목적도 없는 박독은 남독과 다를 바가 없다. 평소 책을 읽을 때에도 전문 분야라 할 만한 것이 있어야 한다. 일반교양도 전문 분야가 있을 때 더 빛나며 전문 분야가 없는 일반교양은 딜레탕티즘[1]에 불과하다. 일반교양과 전문 분야는 상호 배척이 아닌, 상호 보완 관계가 되어야 한다. 물론 우리는 늘 일정한 목적을 가지고 책을 읽지는 않는다. 목적이 있을 때만 책을 읽는다면 공리주의적 독서인 셈이고 그러한 공리주의는 독서에 해가 된다. 목적 없는 책 읽기, 이른바 독서를 위한 독서도 중요하다. 그렇게 해야 일반교양에 도달할 수 있다. 일반교양을 갖출 목적으로 계획을 세워서 책을 읽는 것은 당연히 바람직한 일이지만, 보통은 계획을 실행하지 못하고 만다. 오히려 젊은 시절부터 닥치는 대로 읽은 결과 일반교양이 쌓인 경우가 대부분이다. 일반교양은 목적 없이 책을 읽은 결과물이다. 단, 무턱대고 읽은 책이 내 것이 되고 진짜 교양이 되려면 전문적인 독서도 필요하다. 전문 분야가 없는 독서는 중심 없는 독서이며, 아무

---

1 딜레탕티즘(dilettantism). 예술이나 학문을 치열한 직업의식 없이 취미로 즐기는 것.

리 많이 읽어도 아무것도 읽지 않은 것과 다름없게 된다. 딜레탕티즘이야말로 독서가가 빠지기 쉬운 악습이다.


# · 3 ·


어떻게 읽어야 하는가에 대한 문제는 무엇을 읽어야 하는가에 대한 문제와 맞닿아 있다. 사람은 모든 책을 같은 방식으로 읽을 수도 없을뿐더러 같은 방식으로 읽어서도 안 된다. 넓게 읽으려면 책의 종류에 따라 읽는 방식을 달리 해야 한다. 책 읽기 기술이 존재하는 까닭이다.

무엇을 읽어야 하는가. 좋은 책을 읽고 나쁜 책은 읽으면 안 된다는 것은 분명하다. 나쁜 책은 읽는 것 자체가 무익할 뿐 아니라, 좋은 것과 나쁜 것을 구별하지 못하게 될 수도 있다. 사람은 좋은 책을 읽어야만 좋은 것과 나쁜 것을 분간하는 안목을 키울 수 있다. 좋은 책이라고 다 읽기가 수월하다는 법은 없다. 커다랗고 두툼하고 어려운 책이라고 해서 피할 것이 아니라 그 방면에서 가장 좋은 책을 읽으려고 애써야 한다. 책 읽기에도 노력이 필요하고 그러한 노력은 보상 받게 되어 있다. 쉬운 책, 독자의 환심을 사려는 책만 읽어서는 진정한 지식도 교양도 쌓을 수 없다. 책 전체를 단번에 이해하지 못해도 괜찮다, 일단 좋은 책에 적극적으로 도전하자.

만약 한 번 읽고 이해가 가지 않는다면 잠시 쉬었다가 다시 읽어도 좋다. 책 읽는 습관을 기르려는 노력이 중요하다. 단, 어렵거나 크면 죄다 좋은 책이라는 식으로 오해해서는 안 된다. 이는 현학적인 사람이 빠지기 쉬운 오해다. 좋은 책은 본질적으로 가장 쉽게 이해할 수 있는 책이다. 처음부터 막힘없이 읽히는 책 중에도 좋은 책이 많다. 그리고 책 읽는 중간에 부딪히는 어려움을 극복하려면 체계적으로 읽어야 한다. 책도 무질서하게 읽으면 얻는 것이 없으므로 순서대로 읽도록 하자. 이 점에 대해서는 무엇보다 선배의 의견을 듣는 것이 유익하다.

일반적으로 좋은 책이란 무엇일까, 물론 고전이라 불리는 책이다. 고전은 역사라는 시련 속에서도 살아남아 그 가치를 증명했다. 고전은 결코 퇴색하지 않으며 늘 신선하고 생동감이 넘친다. 고전을 읽으면 책의 좋고 나쁨에 대한 감식안鑑識眼을 기를 수 있다. 진정한 독서가 중에 고전을 사랑하지 않는 이가 없고 진정한 교양인 중에 고전에 대한 교양을 지니지 않은 이는 없다. 고전은 언제든 안심하고 읽을 수 있는 데다 여러 번 되풀이해서 읽어도 늘 새로운 깨달음을 얻을 수 있다. 이렇듯 가치를 인정받은 책을 읽도록 노력해야 한다는 점에서 사람들은 고전까지는 아니더라도 여러 해 동안 꾸준히 읽히는 책을 고르되 막 출간된 신간은 피하라는 식으로 충고하곤 한다. 분명 유익한 충고다. 분명 신간만 구하려는 자세는 바람직하지 않다. 하지만 책으로 옛 문물을 숭상하는 상고

尚古주의를 지향하는 데도 한계가 있다. 저널리즘에, 아카데미즘에는 없는 독자적인 의의가 있듯이 신간을 읽는 데도 나름의 의의가 있다. 시대감각을 파악하려면, 오늘날의 문제가 어디에 있는지 알려면 우리는 신간을 접해야 한다. 새로운 감각, 새로운 문제를 알고 접하지 않으면 고전도 빛을 볼 수 없다. 모든 과거가 살아나고 전통이 살아 숨 쉬는 것은 현재부터다. 고전을 돌아보지 않는 것도 당연히 나쁘지만, 신간을 두려워하는 것도 옳지 않다. 고전은 안심하고 읽을 수 있는 책이지만 신간 읽기는 하나의 모험이다. 하지만 모험을 하지 않으면 책 읽기에서도 얻을 것이 없다. 고전을 편애하고 신간을 혐오하는 사람에게 책 읽기는 취미에 그치는 경향이 있으며, 일종의 딜레탕티즘에 빠지기 쉽다. 한편 신간만 찾아다니고 고전을 돌아보지 않는 사람도 다른 유의 딜레탕티즘에 빠질 위험이 있다. 책 읽기에도 연령이 있다. 보통 노인은 고전을 선호하고 청년은 새것을 찾는다. 청년이 신간을 좋아한다는 것은 지식욕이 왕성하다는 뜻일 뿐이며, 배척할 일은 아니지만 단순한 호기심에 사로잡힐 위험도 도사리고 있다. 고전 때문에 신간을 경멸하지 말고 신간 때문에 고전을 망각하지 않는 것이 중요하다.

또한 고전 읽기가 중요하듯 늘 원전을 읽도록 신경 써야 한다. 해설서나 참고서도 물론 봐야 하지만 기본적으로는 원전에 주로 의지해야 한다. 원전은 늘 가장 신뢰할 수 있는 책이다. 이를테면 플라톤과 칸트 등에 대해 천 가지 문헌을 읽은들 원전을 되풀이해서 읽지 않으면 깊이 있고 근본적인 가르침을 얻을 수 없다. 본질적으로 제3자가 쓴 해설서보다 원전이 한결 이해하기 쉽다. 여러 권의 참고서를 읽기보다는 한 권의 원전을 되풀이해서 읽는 것이 원전 자체를 파악하는 지름길이다. 게다가 원전은 대부분 해설서보다 짧다는 장점이 있다. 원전 읽기는 독서를 단순화하는 데 필요한 방법이다. 무엇보다 경제적인 책 읽기, 간편한 책 읽기를 뜻한다. 앞서 언급한 규칙적인 책 읽기의 필요성은 원전을 읽을 때 더욱 커진다. 책은 다른 사람이 읽어주는 것이 아니라 스스로 읽어야 하는 것이다. 스스로 읽어야 한다는 점은 원전 읽기에서는 절대적이다. 그런데 세상에는 문학 작품조차 스스로 읽지 않고 타인이 쓴 해설과 비평만 읽는 사람이 적지 않다. 사람은 언제나 원천에서 길어 올려야 한다. 원천은 늘 새롭고 풍요롭다. 원전은 자기 생각을 가장 많이 얻을 수 있는 원천이다.

원전을 읽어야 하듯 가급적이면 원서를 읽을 것을 권한다. 웬만한 번역보다 원서가 탁월하기 때문이다. 원서의 미묘한 맛과 섬세한 감각은 번역으로 전달할 수 없다. 게다가 번역은 이미 해석이라는 사실을 알아야 한다. 원어로 읽는 것이 어렵다고 피해서는 안 된다. 번역서가 원서보다 빨리 읽히겠지만 천천히 읽으면 그만큼 스스로 생각하며 읽는 여유가 생긴다. 무척 중요한 일이다. 원서를 읽으려면 어학 능력이 있어야 하는데, 어학은 수단에 그치지 않는다. 오히려 어학 자체가 중요한 교양 중 하나다. 하나의 국어에는 그 나라의 민족정신이 드러나고 그들의 사상이 축적되어 있다. 물론 모든 책을 원어로 읽기는 불가능하며, 모든 경우에서 원어로 읽어야 한다는 얘기는 아니다. 원어로 읽을 수 없다는 이유로 아예 읽지도 않는다면 이는 나쁜 구실에 불과하다. 또한 번역만 읽어도 충분한 책이 많다. 하지만 중요한 책은 되도록 원서로 읽어야 한다. 번역서가 더 간편하다고 원어로 읽기를 피한다면 편의주의에 사로잡힌 것이며 편의주의는 책 읽기에도 해롭다.

좋은 책을 읽어야 한다는 건 분명한데, 뭐가 좋은 책인지 분간하기는 쉽지 않다. 고전으로 분류되는 책은 틀림없이 좋은 책이다. 하지만 너무 많아 골라야 하고 특히 신간은 고르기가 더 어렵다. 스스로 모든 책을 직접 접하기는 불가능하다. 그렇다면 타인이 작성한 목록이나 신간 소개를 지침 삼아 이미 정평이 난 책을 읽을 수밖에 없다. 하지만 정평이나 타인의 의견에만 의지하는 것은 위험하다. 책 읽기에서도 사람은 자주적이어야 하며 발견적인 자세를 취하는 것이 중요하다. 제각기 자신에게 맞는 독서법을 찾아야 하듯 자신에게 맞는 책을 찾으려고 애써야 한다. 내 비위만 맞추려는 책이 아니라, 나에게 도움이 되고 내가 발전할 수 있는 책을 읽어야 한다. 모든 사람에게는 개성이 있으므로, 한 사람에게 맞는다고 모든 사람에게 맞을 리 없다. 책 읽기에서도 개성을 존중해야 한다. 좋은 책이라고 인정받는 책도 내 개성에 따라 나에게 맞는 책이 있고 그렇지 않은 것이 있다. 책 읽기에서, 사람은 무엇보다

고전에서 나에게 맞는 책을 찾도록 노력해야 한다. 그렇게 하면 나만의 사상도 가지게 되고 애독서도 생긴다. 애독서가 없는 사람은 사상 면에서 믿을 수 없는 사람이다. 자신에게 맞는 좋은 책이 정해지면 책 읽기에도 저절로 체계가 잡힌다. 즉, 동일한 계통에 속하는 책, 또는 과거로 거슬러 올라가거나 현대로 내려오며 읽으면 된다. 그렇다고 다른 계통의 책을 읽지 말라는 얘기는 아니다. 편협해지지 않으려면 늘 다양한 책을 접해야 한다. 하지만 계통을 무시하고 넓게 읽기만 하면 남독과 다를 바 없다.

## · 4 ·

좋은 책 읽기 못지않게 중요한 것이 바르게 읽다. 바르게 읽지 않으면 좋은 것이 지닌 가치도 알 수 없다. 바르게 읽기는 스스로 읽는 것을 뜻한다. "루스티쿠스는 나에게 자세히 읽어라, 피상적인 지식으로 만족하지 마라, 경박한 비평가의 지적에 바로 동의하지 말라고 가르쳤다." 마르쿠스 아우렐리우스가 그의 스승에게 감사의 마음을 담아 한 말이다. 바르게 읽기는 자신의 견해를 바탕으로 읽는 것이다.

바르게 읽으려면 우선 그 책을 자신이 소유해야 한다. 빌린 책이나 도서관의 책으로는 근본적인 무언가를 배울 수 없다. 값비싼 대형 전집 또는 사전 같은 것은 도서관에서 찾을 수밖에 없지만, 보통 도서관은 잠깐 훑어봐야 할 때, 당장 알아볼 것이 있을 때, 수많은 전문 문헌을 참고하기 위해 이용하는 곳이다. 일반교양에 필수적인 내용, 기초적 전문서는 가급적 자기가 소유하는 편이 바람직하다. 단, 닥치는 대로 책을 사들이는 일은 없어야 한다. 책을 살 때에도 연구가 필요하며 자신의 개성에 맞게 선택해야 한다. 서재를 보면 그 사람이 어떤 사람인지 알 수 있다. 많이만 가지고 있는 것도 의미가 없다. 자신에게 도움이 되는 책을 구해야 한다. 좋은 책만 모은다고 되는 것도 아니다. 좋은 책이라고 다 자신에게 맞는 책은 아니기 때문이다. 제각기 자기에게 맞는 독서법을 찾아야 하듯 자기만의 개성이 드러난 서재를 마련해야 한다. 무엇을 읽어야 할지 알기 위해서는 책에 대한 감각을 기르는 것이 중요하다. 헌책방 주인은 직업적 입장 때문이겠지만 자신이 절대 읽지 않을 책에서 특수한 가치를 포착해내는 감각을 지니고 있다. 독서가도 책에 대해 비슷한 감각을 지니고 있어야 한다. 그렇지 않으면 책 읽기에서 새로운 발견을 할 수 없다. 단, 책에 대한 감각은 책을 가까이하면서 습득할 수 있다.

바르게 읽으려면 차분하게 읽어야 한다. 결코 서둘러서는 안 된다. 그 책에서 배움을 얻기 위해서라도, 그 책을 비평하기 위해서라도, 그 책을 즐기기 위해서라도 차분한 읽기가 중요하다. 그런데 차분하게 읽는 습관을 가진 현대인을 찾기가 점점 어려워지고 있다. 일상이 분주해지고 수많은 책이 쏟아져 나오는 데다 영화와 라디오 등이 미치는 영향이 증가한 오늘날에는 그런 습관을 기르기가 쉽지 않다. 손수 사본을 만들어 읽던 옛사람에게는 차분하게 읽는 좋은 습관이 있었다. 하지만 이 시대에도 그런 습관을 길러야 하며 특히 학생 시절에 노력해야 한다. 물론 모든 책을 차분하게 읽어야 한다는 말은 아니다. 어떤 책은 대충 훑어보는 것이 낫고, 어떤 책은 머리말만 읽으면 되고, 어떤 책은 존재만 알아도 충분하다. 그런 걸 필요 없는 책이라고 할 수는 없다. 모든 책을 똑같은 방식으로 읽으려고 하는 것은 잘못이다. 다만, 모든 책을 훑어보기만 하거나 몇 군데만 골라서 읽으면 근본적인 지식이나 교양을 쌓을 수 없다. 책을 내 것으로 만들고 싶다면 차분하게 처음부터 끝까지 읽어야 한다. 중간에 다른 마음을 먹는 것은 바람직하지 않다. 마지막까지 읽었을 때 비로소 서두의 글이 무엇을 뜻하는지 제대로 이해할 수 있기 때문이다. 다른 작업과 마찬가지로 책도 한 권에 매달려 완독하는 것이야말로 독서의 능률을 높이는 방법이다.

차분한 읽기의 진정한 의미는 여러 번 읽기다. 필독서는 여러 번 읽어야 한다. 여러 번 읽기를 노인이 즐기는 방식이라고 할지도 모른다. 노인은 보통 신간을 선호하지 않고 예전에 읽은 책을 되풀이해서 읽기를 좋아한다. 하지만 여러 번 읽기는 청년에게도 즐겁고 유익한 일이어야 한다. 좌우를 비교하고 전후 관계를 파악하면 제대로 이해할 수 있다. 제대로 이해하려면 정독해야 한다. 정독은 예로부터 책 읽기의 규칙으로 알려져 있다. 제대로 이해하려면 전체를 알아야 한다. 모든 부분은 전체와 관련되어 있기 때문에 전체를 알았을 때 제대로 이해할 수 있으며 그러려면 되풀이해서 읽어야 한다. 우리는 처음부터 전체를 예측하며 읽지만, 마지막까지 읽었을 때 비로소 전체가 현실로 다가온다. 처음으로 돌아가 다시 읽어야 하는 까닭이 여기에 있다. 그렇다고 모든 경우에 처음부터 다시 읽어야 한다는 뜻은 아니다. 끝까지 읽었는데도 이해가 안 가는 대목이 있다면 그대로 두었다가 시간이 지나 자신의 지식과 사고가 깊어졌을 때 다시 꺼내 읽어보는 것도 좋다. 얼마 전에 읽은 책을 되풀이해서 읽는 것 또한 즐거운 일이다. 당시의 기억이 떠오를 때도 있고 어쩌다 오해한 부분을 발견할 때도 있다. 되풀이해서 읽기에는 그 책과 친구가 되는 즐거움이 있다. 차분한 자세도 중요하지만 처음부터 차분하게 읽어야 하는 것은 고전처럼 가치를 인정받은 책이다. 새로운 책을 볼 생각이라면 처음에는 빨리 넘겨서 대략적인 내용을 파악하고, 다시 처음으로 돌아가 차분하게 읽는 방법도 괜찮다. 차분하게 읽기의 본질은 되풀이해서 읽는 데 있다.

여러 번 읽기는 부분을 깊이 음미하기 위해 필요하다. 어떤 책의 전반적인 의미만 파악하고 싶다면 차분히 읽지 않아도 된다. 여러 번 차분히 읽는 것은 부분을 음미하면서 읽을 때 필요한 방법이다. 특히 고전에는 언뜻 보기에 필요 없을 것 같은 부분이 있다. 불

필요해 보이는 대목이 전혀 없는 책은 좋은 책이 아니다. 우리는 쓸데없어 보이는 부분에서 뜻밖의 진리를 발견할 때가 있다. 수많은 현대 저술가와 달리 옛사람들은 무척 차분하게 마음에서 우러나 글을 썼다는 사실을 생각해보라. 그들의 책을 깊이 맛보려면 우리도 차분하게 읽어야 하며, 여러 번에 걸쳐 세세한 부분까지 음미하며 읽어야 한다. 저자가 전혀 의도하지 않은 대목에서 독자가 스스로 자신에게 중요한 의미를 발견할 수 있다. 책을 읽으며 새로운 발견을 하려면 되풀이해서 읽기가 필수다.

이처럼 발견하려는 자세는 책 읽기에서 가장 중요하다. 물론 저자의 의도에 대한 이해는 어떠한 경우에도 필요하다. 그러려면 가능한 한 객관적 읽기를 해야 하며 그러기 위해 필요한 독서법이 되풀이해서 읽기다. 자기 생각에 빠져 멋대로 읽어버리면 읽지 않은 것과 매한가지다. 우리는 뭔가를 배우려는 자세로 책을 접해야 한다. 비평하려면 이해가 전제되어야 한다. 이렇듯 객관적 읽기가 중요하긴 하지만, 수동적인 태도로 책을 접하는 것은 바람직하지 않다. 발견적 읽기가 가장 중요하다. 발견적으로 읽으려면 스스로 문제를 파악한 상태에서 책을 접해야 한다. 그리고 책을 읽을 때에도 스스로 끊임없이 생각하며 읽어야 한다. 그랬을 때 책 읽기는 저자와 나누는 대화가 된다. 이 대화 속에서 독서의 진정한 즐거움을 찾아야 한다. 스스로 생각하려는 노력도 없이 저자가 대신 생각해주길 바라며 읽는 것은 바람직하지 않다. 사실 혼자서 무엇이든 생각할 줄 안다면 책을 읽을 필요도 없을 것이다. 독서는 사색을 위한 것이어야 한다. 아니, 사색이 독서 자체와 연결되어야 한다. 책에 나온다고 다 믿으면 책이 없느니만 못하다는 옛말도 있다. 비평적으로 읽는다는 것은 스스로 사색하며 읽는다는 뜻이며, 스스로 사색하며 읽을 때에는 비평적으로 읽는 데 머물지 말고 발견적으로 읽어야 한다. 발견적으로 읽으려면 앞서 말했듯이 나만의 독서법이 있어야 한다. 이 독서법은 능동적으로 책을 읽다 보면 발견할 수 있다.

책의 윤리

서구에서는 드문 일이지만 요즘 일본에서 출간되는 책은 대개가 책갑이라는 작은 상자에 들어 있다. 발송이나 반품 등의 작업을 대비하려는 의도겠지만, 별로 반갑지 않다. 덕분에 서점의 신간 코너 앞에 서면 상당히 단조로운 느낌을 받는다. 어느 책이나 똑같은 모습이다. 그중 하나를 펼쳐서 내용을 보려고 해도 책갑 때문에 불편하다. 꺼내서 본 후 다시 책갑에 넣을 때면 책을 감싸고 있는 얇은 포장지 때문에 손재주가 없는 나 같은 사람은 진땀을 빼기가 일쑤다. 최악의 경우에는 포장지가 찢어져버린다. 남의 상품을 망가뜨린 것 같아 영 기분이 언짢다. 서점 직원이 옆에서 노려보지나 않을까 나도 모르게 얼굴을 붉힐 때도 있다. 때문에 책갑에 든 책은 서점에 진열되어 있어도 번거롭고 거북해서 열어보지 않을 때가 많다. 내용도 알아보지 않고 제목만 보고 책을 살 수는 없는 노릇이다. 출판사 측에서 책갑을 어떤 식으로든 바꿔줄 수는 없을까.

책을 사서 집에서 읽을 때에는 웬만하면 책갑은 버린다. 비경제적인 일이다.

사실 양서에 익숙한 우리만의 생각일지도 모른다. 일본에서는 책갑을 중요시하는 듯하다. 헌책방에 책을 팔 때 책갑의 유무에 따라 가격이 달라지는 것을 보면 말이다. 내가 가지고 있는 책에는 대부분 책갑이 없다. "외국 생활을 하신 분은 다들 이렇더군요." 얼마 전에 찾아온 헌책방 주인의 말이다. 책갑을 중요시하는 태도에서 책을 존중하는 일본인의 도덕이 드러나는 듯하다. 어렸을 적에는 책을 읽기 시작했을 때와 책 읽기를 끝냈을 때 반드시 책을 두 손으로 받들고 머리를 숙이라고 배웠다. 우리 집만 그랬던 것이 아니라 그 시절 우리 마을의 초등학교에도 그런 관습이 있었다. 요즘은 어떨까. 이처럼 책을 존중하는 것은 결코 나쁜 일이 아니다. 오히려 하나의 미덕이라 할 수 있을 정도다. 하지만 책을 활용하는 것이 더 중요하다. 책을 활용하는 법을 배워야 한다. 책을 도구처럼 활용해야 한다는 것을 기억하는 것이 책에 대한 윤리다. 단, 어떻게 활용하느냐가 관건이다.

그런 의미에서 누군가의 서재를 살피는 일은 재미있다. 수많은 책이 꽂혀 있어도 의외로 쓸모없는 서재가 있다. 그렇다면 서재의 주인이 자신의 서재를 활용하지 않고 있다는 증거이며, 책을 진심으로 사랑하지 않는다는 증거다. 단, 활용 목적과 활용 방법 또한 사람마다 다양하다. 누군가의 서재를 보면 그 사람의 성격이 보인다. 이것이 바로 서재의 윤리다. 서재를 보면 주인이 무엇을 공부하는지 알 수 있다. 그리고 더 깊은 것, 즉 그 사람의 성격이 자연스레 드러나서 재미있다. 내가 사용할 수 있도록, 가장 편리하게 사용할 수 있도록 책을 모아야 한다. 그렇게 하면 서재에 성격이 담긴다. 그러면서 나만의 스타일이 생기기 시작한다. 서재 구석구석까지 자신의 숨결이 닿아야 한다. 그렇게 완성된 서재는 마치 훌륭한 정원사가 만든 정원처럼 그 자체로 하나의 예술작품이기도 하다.

이렇듯 성격 또는 개성을 이 시대의 출판 업계에 바란다. 아무리 봐도 일본 출판사는 해외 출판사에 비해 개성이 떨어지는 듯하다. 독일의 토이프너나 지베크가 출간하는 책에는 저마다 일정한 특색이 있다. 이런 책을 펴낼 만한 프랑스 출판사는 아셰트나 아르캉이겠지, 짐작이 갈 정도다. 그런데 일본의 경우에는 한 출판사가 어떤 형식, 어떤 종류의 책으로 성공하면 곧바로 타사가 앞다투어 비슷한 책을 쏟아낸다. 서로를 갉아먹는 행동이다. 출판 업체에도 각자의 독창성을 존중해주는 분위기가 조성되어야 한다. 한 출판사에서 나오는 책은 내용과 디자인 등 전체적으로 일정한 특색을 일관되게 유지하는 것이 바람직하다. 출판사의 특색을 독자가 바로 떠올릴 수 있게 말이다. 그것이 출판사의 윤리가 아닐까 생각한다.

좋은 책을 되풀이해서 읽는 것은 평범한 일이면서도 생각날 때마다 공감이 가는 독서의 윤리다. 얼마 전에도 플로베르의 편지를 읽다가 이런 글귀를 발견하고 또 밑줄을 그었다. "작가의 서재는 매일 되풀이해서 읽어야 하는 다섯 권 또는 여섯 권의 원천이면 족하다. 나머지 책은 그 존재를 알면 좋지만 단지 그뿐이다." 몇 번이고 되풀이해서 읽는 애독서가 없는 사람은 그 사람과 사상에 성격이 없게 마련이다. 민족도 마찬가지다. 그 민족이 되풀이해서 읽는 책이 있어야 한다. 그런 책을 고전이라 부른다. 이러한 고전의 초판을 원형 그대로 살려낸 복각본 발간은 출판 업체에도 중요한 의미가 있는 일이어야 한다. 그런데 이는 우리가 많은 책을 모으는 것과 상통하는 면이 있다. 공공 도서관이건 개인 서재건 책이 많을수록 좋긴 하다. 책은 마치 도구처럼 우리가 사용해야 할 물건이기 때문이다. 사용한다는 것은 그 책을 처음부터 끝까지 전부 읽어야 한다는 의미가 아니다. 어떤 책은 존재 자체만으로, 어떤 책은 제목만 알고 있어도 충분히 유익하다. 여러 번 되풀이해서 읽는 애독서가 없는 사람은 나머지 책을 사용할 방법을 배우지도 못할 것이다. 책을 쓰는 사람도 그가 성실한 저자라면 자신의 책이 최소한 두 번은 읽히기를 바랄 것이다. 앙드레 지드도 어디선가 이렇게 말했다. "내가 이기기를 바라는 것은 재심뿐이다."

어떤 책을 사서 읽어야 하는가. 에머슨Ralph Waldo Emerson 등은 출간된 지 몇 년이 지나 가치를 인정받은 책만 읽으라고 조언한다. 하지만 우리의 독서욕은 보다 새로운 것을 추구한다. 우리는 신지식을 끊임없이 흡수해야 한다. 그래서 나는 종종 헌책방에 가서 공부하라고 권하고 싶다. 밤거리에 나가 책을 파는 노점을 구경하며 걷는 것도 좋다. 신간일 때는 책갑 때문에 다 똑같아 보이던 것이 이제는 하나하나 구분이 간다. 절판되어 원가보다 비싸진 책도 있다. 누구든 헌책방의 진열장을 보면 어떤 책이 좋은 책인지 저절로 알게 된다. 그러는 동안 각자의 관점에서 책의 좋고 나쁨을 가리는 감식안을 절로 키울 수 있다. 헌책방을 종종 구경하는 일은 독자에게 수양이 된다. 출판 업체 입장에서도 큰 참고가 되지 않을까. 저자에게는 말할 것도 없다. 책의 윤리는 헌책방에서 집중적으로 드러난다. 헌책방에서는 모든 책에 성격이 부여된다. 가격만 두고 하는 말이 아니다. 그런데 책에 대한 저자의 윤리란 어떤 것일까. 플로베르는 말했다. "많이 읽고 많이 생각해야 한다. 언제나 스타일을 생각하고 가급적 적게 써야 한다. 하나의 형식만 추구해라, 우리는 엄밀하고 정확한 형식을 찾을 때까지는 우리 내면에서 다른 의미로 바뀌는 이데(관념)의 격동을 진정시키기 위해서만 글을 써야 한다." 많이 읽고 많이 생각하되 가급적 적게 쓰는 것, 이것이 바로 저자의 윤리다. 그러나 읽기에도 각양각색의 방법이 있고 잘 읽으려면 많은 에스프리(기지)가 필요하다.

멸시받은 번역

우리는 우리의 글을 서로 더 많이 읽어야 한다. 그렇다고 반드시 존중해야 한다는 뜻은 아니다. 솔직히 일본 학계의 수준이 서구보다 낮다는 사실을 인정해야겠다. 무언가를 본질적 가치에 따라 존중하는 것은 올바른 일이며 바람직한 일이다. 내가 바라는 것은 친절이다. 일본인은 일본인이 쓴 것을 더 친절하게 읽었으면 한다. 타인의 것을 더 진심으로 이해하고 친절하게 비평해야 한다. 그렇게 하면 우리 사이에 공통된, 넓은 문화적 토대가 구축되고, 그래야만 비로소 우리의 독자적 문화가 꽃필 수 있다. 그런데 일본 학자들은 같은 나라 사람의 것을 너무 안 읽는 듯하다.

　여기에는 여러 이유가 있을 듯하다. 그중 한 가지, 일본 학자 대부분이 자국의 언어를 사랑하지 않기 때문이라는 사실은 분명해 보인다. 언어를 사랑할 줄 모르는 사람이 좋은 글을 쓸 리 없다. 악문, 졸문을 동료들 사이에서 당연시한다. 저 사람은 학자치고 글을 잘 쓴다, 이런 말을 예사로 한다. 언어와 사상이 내면적으로 뗄 수 없는 관계라고 한다면, 이러한 사실은 우리 일본 학자들에게 자신의 사상을 추구하고 형성하려는 충동과 열의가 부족하다는 방증이 된다. 사람은 자신의 사상을 추구하고 형성할 때 자신만의 언어를 추구하고 형성한다.

이러한 사실은 역사가 증명한다. 근대 독일 철학이 그리스 철학에 필적할 정도로 위대하다는 것은 세계사적 사실이다. 독일 철학 발전에 단초가 된 인물은 라이프니츠인데, 그는 당시 무서운 기세로 독일에 침투한 프랑스어와 전통 라틴어에 대항하고자 모국어의 가치를 다룬 글을 다수 투고하는 것으로 독일인에게 경고하고는 독일어를 라틴어 대신 학술어로 사용해야 한다고 주장했다. 그는 독일어로 철학 논문을 집필한 최초의 인물 중 하나다. 이밖에도 그는 로마법을 독일어로 번역할 필요성을 역설했다. 헤겔이 자기 사상을 가급적 순수한 독일어로 표현하고자 노력하며 라틴어에서 유래한 단어까지 피하는 대신 속어를 활용했다는 것은 유명한 사실이다. 이렇게 해서 독일 고유의 단어인 '가이스트(Geist, 정신)' 철학이 완성된 것이다.

철학자 라이프니츠조차 그 필요성을 인정한 번역의 의미는, 외국어를 모르는 사람에게 사상을 전달하는 데 그치지 않는다. 사상과 언어가 밀접하게 결합되어 있는 이상 외국의 사상이 우리 국어로 표현되었을 때 그것은 더는 외국의 사상이 아니게 된다. 의미가 변했기 때문이다. 그 순간 외국의 사상은 더 이상 외국의 사상이 아니며, 우리의 사상으로 발전해나갈 일반적 기초가 마련되는 셈이다. 번역의 중요한 의미가 여기에 있다. 이러한 맥락에서 보자면 번역서를 읽는다는 것은 학문을 하는 사람에게 치욕이 아니라 오히려 필요한 일임을 알 수 있다.

중국과 일본에서 불교가 발달한 사례를 보자. 불교가 독자적으로 발달할 수 있었던 밑바탕에는 원전이 아니라 번역서가 있었다. 에티우스가 완성한 아리스토텔레스의 라틴어 번역이 중세 스콜라 철학의 발전에 미친 영향, 혹은 루터의 성경 번역이 독일 문화 발전에 미친 영향 등을 생각해보라. 무엇이든 원서로 읽어야 한다는 생각이 얼마나 무의미한지 알 수 있다.

그런데 일본 학자들 대다수가 그렇게 생각한다. 그들은 번역서를 경시하며 그것을 학자의 긍지라 여기는 듯하다. 그래서일까, 어떤 번역을 봐도 본연의 성질상 정확함과 정밀함을 찾을 수 없다. 오역도 많다. 하지만 이러한 결점은 어학자와 주석학자에게 가장 중대한 성질로, 스스로 생각하는 법을 잘 아는 사람에게는 전혀 방해가 되지 않을뿐더러 그런 부정확함과 조잡함, 오역에서 되레 재미있고 독창적인 사상이 도출되는 경우가 있다. 보다 면밀하게 사상사를 연구한 사람들이 인정할 만한 사실이다.

나는 오역을 바라는 사람은 아니다. 오히려 정반대다. 하지만 오늘날 학문을 하는 사람이라면 우리 동료들이 쓴 글에 더욱 관심을 기울임과 동시에 앞으로 일본어로 옮긴 책을 더 많이 이용하기를 바란다. 원서만 보려는 습관 때문에 번역물을 경시해서 상당한 수의 번역서가 나오고 있는데도 읽지 않고 손해를 보는 학생이 많다. 어떤 책이든 원서만 읽으려다 스스로 생각할 여유를 빼앗긴 사람도 있다. 무엇보다 번역은 빨리 읽히고 심지어 번역서는 내용의 골자를 파악하기 편하다. 원서만 보려는 습관을 고쳐서 얻을 수 있는 이점은 상상보다 훨씬 크다. 우리는 아직 외국의 사상을 옮겨와야 한다. 하지만 이 일과 원서만 보려는 습관은 구별해야 한다. 번역서는 학자 이외의 사람이 읽는 것이라고 생각하는 편견을 없애야 한다.

사전의 객관성

내가 볼테르의 《철학사전》을 구입한 곳은 아마도 다이코쿠야大黑屋라는 서점이었을 것이다. 교토 호텔 앞에 있던 외국 서적 전문 서점으로 호텔에 투숙하는 외국인이 주요 고객이었는데, 지금은 사라진 모양이다. 교토에서 외국 서적을 판매한 곳이 마루젠과 이곳 두 군데뿐이어서 학생 시절에는 자주 드나들었다. 그곳에서 어느 날 이 책을 발견한 것이다. 처음 그것을 집어 들었을 때는 볼테르와 철학사전이 무슨 상관인지 잘 와 닿지 않았다. 볼테르가 사전을 편찬하는 사람도 아닌 것 같고 언뜻 내용을 훑어봐도 평범한 사전은 아닌 듯했지만, 당시 프랑스에 대한 지식이 극히 빈약했던 나는 반신반의하면서도 플라마리옹 출판사의 총서라는 이름만으로 책을 구입했다. 지금 생각하면 부끄럽기 짝이 없다.

그 시절 나는 프랑스어를 거의 읽을 수 없었지만 어학 공부 차원에서 오랜 시간 사전과 씨름한 끝에 이 책을 끝까지 읽을 수 있었다. 그때부터 사전에 대한 관념이 달라졌다. 그 전까지 사전이란 어떤 말의 의미를 모를 때 찾아보는 것으로, 설명이 객관적이어야 하고 저자의 사견이 들어가 있으면 안 된다고 생각했다. 볼테르의 철학사전은 내 생각과는 정반대였다. 그의 입장에서 극히 주관적으로 항목을 선택하고 항목에 대한 자신의 철학적 견해를 자유롭게 담은 것이었다. 그 후 도쿄에 머물던 무렵 교토에 들른 김에 마루젠을 찾았을 때도 이 책의 영역본을 발견하고 묘한 인연을 느꼈다.

사전은 찾기 위한 책이지 읽는 책은 아니라는 것이 통념이다. 지금은 그런 사전에 대한 내 생각이 바뀌어서 읽을거리는 물론이고 심지어 최상의 읽을거리 중 하나라고 생각한다. 일에 지쳤을 때, 너무 무료할 때 사전을 읽으면 무척 재미있다. 그때그때의 심리에 따라 소형과 대형 중에 적당한 것을 꺼내든다. 어학 사전도 재미난 읽을거다.

고등학교 시절에 나는 구로야나기 구니타로黑柳都太郎 선생님에게 영어를 배웠는데, 선생님은 꼭 웹스터나 센추리 같은 대형 사전으로 찾으라고 지시했다. 사전을 일일이 찾는 것은 번거로운 작업이었다. 게다가 우리 중에는 그런 비싼 사전을 가진 사람이 없어서 학교 도서관을 드나들어야 했다. 작은 영어사전이나 영일사전도 괜찮을 텐데 군이 웹스터나 센추리로 찾으라고 하다니 너무 현학적인 것 아냐, 라며 우리끼리 불평하곤 했다. 우리가 그때 사전을 읽을거리로 봤다면 굉장히 많은 것을 얻었을 것이다.

작년 가을 나는 피에르 벨Pierre Bayle의 《역사·비평사전》을 구했다. 3권으로 구성된 2쇄로 1702년 발행된 책이다. 이와는 별도로 《보충》 1권(1722년)이 있다. 전자는 로테르담에서, 후자는 제네바에서 출간되었다. 이 사전의 1쇄는 1695~1675년에 나왔는데, 볼테르의 《철학사전》이 1764년 출간되었으니 내가 보유하고 있는 2쇄도 제법 오래된 것이다. 벨은 프랑스 계몽시대의 비평가, 철학가로 훗날 로테르담대학 교수로 재직했으며 데카르트학파에 속한다고 한다. 내가 구한 벨의 사전은 어디를 어떻게 건너왔을까. 아니면 나가사키 쪽에 들어와 있던 선교사의 것은 아닐까 상상해본다. 한가할 때 읽어보니 벨의 사전도 재미있다. 저자의 사상을 알 수 있기 때문이다.

재미있는 읽을거리란 당연히 저자의 견해를 자유롭게 쓴 주관적인 사전이다. 사전의 역사를 자세히는 모르지만 현대의 사전은 객관성을 지향하며 발전해온 듯하다. 이는 사전의 진보임에 틀림없다. 의미를 기술하는 방법도 사전적이라고 할 만한 일종의 유형이 형성되어 정확성과 간결함을 지향한다. 그 대신 최근의 사전은 전반적으로 무미건조해졌다. 편리하기는 하지만 깊이가 없고 개성도 부족하다. 학문적으로 보아도 이 무렵의 사전은 연구적이라기보다는 주로 학계의 통념을 요약해서 기술하는 식인 듯하다. 물론 그런 사전도 필요하다.

이런 종류의 객관적 사전이 필요한 이유는 교과서와 비슷하다.

자신의 전공과 관련된 사전은 의외로 도움이 안 되지 않을까. 다른 방면에 관한 사전은 제법 유익한데 그만큼 그 방면을 잘 모르기 때문이다. 사전에 의지해 무언가를 알려고 한들 객관적인 사전은 일단 읽는 재미가 없다. 당장 필요할 때라면 모를까 오랫동안 계속 읽으라고 권할 만한 책은 아니다. 객관성을 유지하려는 사전은 무엇보다 정확해야 하는데, 사전의 정확성에도 상당한 문제가 있다. 신문 기사에서 자신에 관한 내용은 대개 어딘가 틀린 대목이 있게 마련인데 타인의 경우는 죄다 정확한 듯한 착각을 불러일으킨다. 사전에도 비슷한 착각을 일으키기 쉬운 성질이 있다.

  사전의 객관성은 언뜻 간단하게 보여도 사실은 복잡한 문제다. 어학이나 자연과학 사전은 객관성의 기준을 정할 수 있지만, 사회과학과 철학의 경우에는 상당히 어렵다. 따라서 자연스레 기술용어의 단순한 설명으로 끝나거나 다양한 학설을 형식적으로만 분류해서 보여주는 데 그치게 된다. 그것이 '사전적 객관성'일지도 모르겠지만, 진정한 객관성인지 여부는 인식론적 입장에서 까다롭게 얘기하면 여러모로 문제가 있다. 특히 다수의 집필자에게 의뢰해서 사전을 편찬하는 경우 통일성을 잃지 않기 위해서는 각 집필자가 자신의 견해를 버리고 문구의 해석, 학설의 분류 정도에 그칠 수밖에 없다. 따라서 아무런 특성도 없게 되어버린다. 내용의 통일성을 유지하려면 한 사람이 항목 전체를 쓰거나 어떤 일정한 학파에 속한 사람만 집필해야 한다. 그럴 경우 '사전적 객관성'은 잃어

버리겠지만, 오히려 읽었을 때 재미있고 유익한 사전이 완성될 것이다. 그런 의미에서 흥미로운 것으로는 변증법적 유물론을 바탕으로 제작한 소비에트 백과사전 등이 있다. 여러 학자의 집필로 제작하는 사전은 각 항목별로 서명을 넣어 책임을 명확히 하는 관례가 있는 모양이다. 그런데 지금의 일본 사전을 보면 서명이 들어가야 할 만큼 독자적인 견해를 밝힌 경우는 드물고 사전적 객관성을 위해 적어놓은 경우가 태반이다. 해외 사전의 경우 서명이 들어간 부분은 어엿한 하나의 논문이며 연구 면에서 가치 있는 것이 많다. 어차피 사전에 서명을 넣을 바에야 사전적 객관성을 넘어 그런 결과물이 나왔으면 한다.

일본에서도 사전적 객관성을 지향하는 사전과 함께 보다 주관적인 사전이 나와도 괜찮을 듯하다. 사전을 읽을거리로 보는 나 같은 사람의 바람이다. 독자적인 입장에서 홀로 사전을 집필하는 등의 새로운 형태가 시도되어도 재미있을 것 같다. 볼테르의 사전 또한 사전이다. 토마스 아퀴나스의 《숨마 테올로지카(Summa theologica, 신학대전)》도 사전으로 간주할 수 있고, 헤겔의 《엔치클로페디(Enzyklopädie, 백과사전)》도 어떤 면에서는 사전이라 불릴 수 있다.

개론서나 입문서가 많이 출간되었는데, 이를 사전 형식으로 기획해도 재미있을 듯하다. 사전이 지닌 계몽적 의의는 크다. 프랑스의 앙시클로페디스트(Encyclopédistes, 백과전서파) 같은 저자 단체가 탄생하는 것도 의미 있는 일이라고 생각한다.

요즘 이따금 사전을 펼쳐보는데, 그와 관련해 사전에 대한 감상을 여기에 적어둔다.

하이데거 교수님을 추억하며

내가 하이델베르크에서 마르부르크로 옮긴 그 시기에 하이데거 교수님이 프라이부르크에서 마르부르크로 왔다. 나는 그의 강의를 듣기 위해 마르부르크로 간 것이다.

　마르부르크에 도착하자마자 나는 소개장도 없이 하이데거 교수님을 찾아갔다. 학기도 시작되지 않은 데다 부임한 지도 얼마 되지 않은 때라 그는 셋방을 얻어 홀로 머물고 있었는데, 그곳을 방문한 것이다. 무엇을 공부할 생각이냐는 그의 질문에 나는 아리스토텔레스를 공부하고 싶지만 일본에 있을 때부터 역사철학에 흥미가 있어 그 방면에 대한 연구도 계속하고 싶다고 하며 그러려면 어떤 책을 읽는 것이 좋은지 여쭤봤다. 하이데거 교수님은 자네는 아리스토텔레스를 공부하고 싶다고 했는데 아리스토텔레스에 대한 공부가 곧 역사철학에 대한 공부네, 라고 답하셨다. 그때는 무슨 의미인지 잘 몰랐지만, 나중에 그의 강의를 듣고서야 비로소 그 의미를 이해했다. 역사철학은 해석학과 다름없다, 따라서 해석학이 어떤 것인가는 직접 고전을 해석하는 일에 종사하면 저절로 습득할 수 있다는 뜻이었다. 대학에서 들은 그의 강의도 원전 해석 중심이어서 아리스토텔레스라든가 아우구스티누스, 토마스, 데카르트 같은 인물의 두툼한 전집 중 한 권을 교실로 가져와서 펼쳐놓고는 그중 한 구절을 창의적으로 해석하며 강의를 진행했다. 아무래도 나는 하이데거 교수님에게 책 읽는 법을 배운 듯하다.

슈반가에 위치한 교수님 댁을 가끔 찾아갔는데, 그곳에 가득 꽂혀 있던 독일 고전 문학 전집이 내 눈길을 사로잡았다. 그것을 나는 묘한 기분으로 바라보았다. 그런데 작년에 《횔덜린과 시와 본질》이라는 그의 논문을 읽고 그 관계성이 명확해졌다. 요즘 그는 예술론 강의를 많이 한다고 들었다. 그는 프라이부르크대학 총장이 된 후 《독일 대학의 이기주의》에 실린 사상을 언급한 적도 있는데, 나치와 원만한 관계를 유지하지 못한 탓인지 이내 총장직을 사퇴하고 요즘에는 주로 예술철학을 강의하고 있다고 한다. 일본에서도 마르크스주의에 대한 탄압이 심해졌을 때 많은 사람이 예술론 쪽으로 도피한 역사가 있다. 그 시절을 떠올리니 하이데거 교수님의 지금의 심경이 짐작이 가면서 철학과 정치의 일반적인 관계에 대해 생각하게 된다.

마르부르크의 하이데거 교수님 서재에서 내 눈에 들어온 것이 또 하나 있다. 선 채로 책을 읽거나 쓸 수 있는 교회 설교대와 비슷한 높이의 책상이 서재 한가운데에 있었다. 가끔씩 그런 책상이 있으면 좋겠다는 생각을 하면서도 지금껏 마련하지 않고 있다.

니시다 교수님을 생각하며

· 1 ·

1917년 4월 니시다 기타로 박사님은 도쿄에서 열린 철학 학회에서 〈다양한 세계〉라는 제목으로 공개 강연을 했다. 다이이치고등학교 학생의 신분으로 나도 그 강연을 들으러 갔다. 니시다 교수님과의 첫 만남이었다. 내용을 제대로 이해할 수는 없었지만 무척 인상 깊은 강연이었다. 교수님은 기모노 차림으로 왔다. 고개를 숙인 채 연단을 오가며 느릿느릿 말씀했다. 사람에게 얘기한다기보다는 자신의 생각을 정리하는 데 고심하는 모습으로 보였다. 이따금 멈춰 서서 칠판에 원을 그리거나 선을 그었는데, 그 모습조차 사람에게 설명한다기보다 자기 사상을 표현할 적절한 방법을 찾는 듯했다. 나는 한 사람의 대학 교수가 아닌, '사색하는 사람'을 본 셈이다. 사색하는 사람의 고뇌까지 보이는 것 같았다. 그 무렵은 교수님의 사색 생활에서 가장 괴로운 시대가 아니었나 싶다. 그 강연은

〈철학 잡지〉에 실려 이윽고 그해 가을 출간된 《자각에 대한 직관과 반성》이라는 획기적인 저서에 후기로 들어갔지만, 이 책에 대해 교수님은 서문에서 '내 악전고투의 기록'이라고 밝혔다.

나는 그해 교토대학 철학과에 입학해서 니시다 교수님 밑에서 배우게 되었다. 내가 그렇게 마음먹은 것은 교수님의 《선의 연구》를 읽고 나서였다. 아직 이와나미에서 책이 출간되지 않을 때 절판이던 것을 헌책방에서 찾아냈다. 교수님의 이름이 크게 알려지지 않은 때로, 그가 일본 철학계의 특이한 존재라는 말을 듣고 있던 터였다. 교수님이 유명해진 것은 당시 청년 사이에 유행한 구라타 햐쿠조 씨의 《사랑과 인식의 출발》에 교수님의 저서가 소개되면서부터인 것으로 기억한다. 《선의 연구》는 내 일생의 출발점이 되었다. 평생 무엇을 업으로 삼을지 결정 못하고 있던 나에게 철학이 이런 거라면 한번 해보자는 마음을 먹게 한 것이 바로 이 책이다. 다이이치고등학교 문과 졸업생은 도쿄대학에 진학하는 것이 불문율처럼 되어 있던 시절, 나는 니시다 교수님 밑에서 공부하고 싶은 마음에 교토대학 철학과에 입학하기로 결심했다. 고등학생 시절 여러모로 도와주신 하야미 선생님에게 상의했더니 찬성해주었다. 그렇게 해서 나는 친구들과 헤어져 홀로 교토로 향했다. 중학교를 나와 다이이치고등학교에 입학할 때에도 친구와 헤어지고 혼자였다. 늘 혼자 다니는 것이 내 운명인 것 같아 쓸쓸했다. 그때는 막연한 동경심 때문에 시골에서 도쿄로 올라간 것이고 이번에는 반대로 도쿄에서 교토로 내려간 것이지만, 그래도 확실한 목표가 있어 절로 용기가 솟았다.

입학이 9월인 시절, 7월 초순에 집으로 내려가던 중 하야미 선생님의 소개장을 들고 라쿠호쿠타나카洛北田中에 계신 니시다 교수님을 찾아갔다. 무슨 얘기를 할지 몰라 당혹스러워하는 나에게 교수님은 "자네에 대해서는 올 봄 도쿄에 갔을 때 하야미 군에게 들어서 알고 있네"라고 하며 대학 강의와 세미나에 대해 알려줬다. 내가 철학을 공부하려면 우선 무엇부터 읽어야 하느냐고 묻자, 교수님은 칸트를 읽어야 한다고 하며 《순수이성비판》을 꺼내 빌려줬다. 그때는 세계대전의 영향으로 독일 책을 구하기 힘들었다. 고등학교 때는 친구 중 한 명이 너덜너덜해진 레클람 출판사의 《순수이성비판》을 헌책방에서 발견해서는 늘 의기양양하게 들고 다니는 모습을 모두가 부러운 눈으로 쳐다볼 정도였다.

처음부터 친절하게 대해줬다는 인상 때문일까, 대학에 진학하고 한 달에 한두 번은 교수님 댁을 찾아갔는데 생각보다 편안하게 얘기를 나눌 수 있었다. 교수님이 먼저 입을 떼는 일은 거의 없었다. 그래서 기껏 찾아가고도 어떤 질문을 할지 몰라 고민하는 사이에 30분이 훌쩍 지나가버렸다. 결국 견디다 못한 내가 "가보겠습니다"라고 하면 교수님은 "그러게" 하고 답하시곤 했다. 다른 학생들도 그런 일이 많았다고 했다. 생각해보면 그 무렵은 교수님이 사색 생활에서 악전고투하던 시절로 이른바 신들린 듯 철학에 열중하느라 하찮은 학생들을 상대할 여유가 없었을 것이다. 나는 학교로 가는 길에 산책하는 교수님을 종종 목격했다. 두꺼운 기모노용 허리띠를 아무렇게나 둘러맨 채 뭔가에 쫓기듯 황급히 성큼성큼 걸어가는 모습이었다. 그야말로 뭔가에 홀린 사람 같았다. 교수님의 철학에는 산책하던 모습처럼 외골수적인 면과 격렬한 면이 있지 않을까.

## · 2 ·

니시다 교수님의 강의는 늘 오후였다. 토요일 오후의 특별 강의는 교토대학의 명물이 되어, 문과 학생뿐 아니라 졸업생이나 다른 과 학생들까지 들으러 오는 바람에 교실은 늘 가득 찼다. 나도 입학하고 유학 가기 전까지 5년 동안 교수님 강의에 빠짐없이 출석했다. 교수님은 늘 기모노 차림이었다. 그리고 교단을 오가며 느릿느릿 말씀했다. 가끔 멈춰 서서 칠판에 원을 그리거나 선을 그으며 설명하는 모습은 도쿄에서 열린 철학 학회에서 내가 처음 접한 그의 강의와 똑같았다. 때로는 얘기를 잠시 중단하고 생각에 잠기는가 싶더니 갑자기 사색이 순조롭게 이뤄진 듯 흥분하며 얘기를 계속했다. 늘 고개를 숙이고 얘기하다가 갑자기 눈을 들어 도수 높은 근시 안경 너머로 청중을 바라볼 때가 있다. 얘기가 일단락되었거나 강의가 끝났다는 표시다. 두 시간짜리 강의에서 "오늘은 피곤하니 여기까지 하지"라고 하며 한 시간 만에 강의를 끝낼 때도 있었다. 그 말도 우리의 마음을 울렸다. 전날 밤 늦게까지 공부했구나, 금방 짐작이 갔기 때문이다.

교수님의 강의는 다른 교수들이 하는 방식과 달랐다. 뭔가 정해진 것을 우리에게 설명하는 방식이 아니라, 철학적 탐구의 길로 우리를 이끌고 떠나는 식이었다. 사람들 대부분은 교수님의 책이 난해하다고 지적한다. 하지만 강력한 논리를 제시하는 문장들 사이에서 영혼 밑바닥으로부터 솟아오른 듯한 계시적인 문구가 홀연히 나타나 글 전체를 밝게 비춘다. 그러면 그때까지 난해하다고 불평하던 독자들도 갑자기 구원받은 듯한 느낌을 받으며 책을 계속 읽어나간다. 교수님의 강의 또한 마찬가지였다. 교수님의 책을 읽고 이해가 가지 않던 대목이 느릿느릿 강의하는 교수님 입을 통해 계시처럼 흘러나오면 갑자기 이해가 갈 때가 있다. 교수님의 좌담에서도 같은 것을 느꼈다. 교수님은, 논문을 쓰고 강의를 하고 좌담을 나누는 가운데서 처음에는 생각 못했던 사상의 실마리를 발견하는 것이 아닐까. 《자각에 대한 직관과 반성》이 출간된 이래, 말 그대로 교수님이 악전고투하며 체계 이론가로 성장해가는 시기에 내가 교수님의 제자였던 것은 행운이다. 교수님의 독특한 강의 방식을 생각하면 특히 더 그렇다. 일방적으로 설명을 듣는 것이 아니라 그 철학이 어떻게 형성되는지 내 눈으로 볼 수 있었다.

제자들의 연구에 대해서 교수님은 각자의 자유에 맡기고 간섭하지 않았다. 무관심해 보일 정도로 관대해서 하나의 틀에 가두는 일은 없었다. 각자가 자신의 개성을 키우기를 바랐고, 제자들이 공연히 교수님 흉내를 내려고 했다면 오히려 불쾌해했을 것이다. 교수님에게 뭔가 해보고 싶다고 하면 늘 "그거 재미있겠군" 하며 그와 관련된 생각을 말씀해줬다. 그럴 때마다 인자한 아버지와 같은 친근함을 느꼈다. 교수님은 뭐든 이해해줬다. 누구나 교수님에게 위엄을 느꼈지만 결코 권위적이지는 않았다. 교수님을 찾아갔다가 아무 말도 못하고 돌아서는 학생들조차 그를 권위적으로 느끼지는 않았다. 그런 점에서 교수님이 뛰어나다고 생각한다. 교수님은 자신의 생각을 제자들에게 밀어붙이지 않았다. 직접 요구하는 일 없이 다가오는 사람을 거부하지 않았다. 교수님에게 직접 가르침을 받은 사람뿐 아니라 그렇지 않은 사람 중에도 교수님을 스승으로 우러러보는 사람이 많은 것은 그분의 철학이 위대하기 때문이기도 하지만 교수님의 인품 때문이기도 하다.

교수님의 철학은 그의 천재성에만 기인하지 않는다. 교수님은 상당한 노력가다. 일흔이 넘은 지금도 끊임없이 새로운 것을 공부한다. 근면이 사상가의 중요한 덕목이라는 것을 나는 교수님에게 배웠다. 철학자라 칭하는 사람이 빠지기 쉬운 명상벽(瞑想癖)에서 그를 구하고 명상을 사색으로 바꿔 사색에서 명상적인 부분을 살릴 수 있는 것이 근면이다. 교수님은 굉장한 독서가이기도 하다. 언제나 해외 철학계에 주목하며 신간도 다양하게 읽는 듯하다. 서양 철학을 들여온 후 일본 최초의 독창적 철학을 구축한 분으로, 서양철학 중 교수님이 처음 번역해서 국내에 소개한 책도 적지 않다. 베르그송의 철학, 리케르트나 코헨 등 신칸트학파의 철학, 브렌타노와 마이농 등 독일·오스트리아 철학, 후설의 현상학 등부터 바르트의 변증법적 신학 등에 이르기까지 서양철학의 가장 강력한 소개자였다. 라이프니츠를 비롯해 교수님이 새로운 의미를 발견하고 일본에 보급한 서양철학자도 많다. 교수님의 독서 연구는 범위가 넓었다. 우리가 학생일 때에는 코헨 등의 영향도 있었는지 수학을 자주 공부한 모양이다. 교수님의 발의로 이과의 소노 마사조(園正造) 박사를 초청해서 문과 학생을 대상으로 한 집합론과 군론 강의가 이루어졌는데, 그때도 교수님이 참가해서 열심히 청강했다. 그 후 어떤 시기에는 마르크스 등의 인물을 연구한 적도 있고, 최근에는 랑케 등의 역사 서적을 자주 읽는 듯하다. 교수님의 독서법이 독특하다는 사실은 대학 시절 세미나에서도 엿볼 수 있었다. 세세한 부분까지 객관적으로 하나하나 알아보는 방식이 아니라 교수님 자신의 입장에서 직관적으로 본질적인 내용을 파악하는 식이었다. 이러한 주관적 읽기로 그 책의 객관적인 본질을 파악하곤 했는데, 교수님의 직관력이 얼마나 깊은지를 알 수 있다. 교수님은 책 자체에 대한 직감이 날카로워서 좋은 책, 유익한 책, 반드시 읽어야 할 책을 감으로 분간할 수 있었다. 그 감의 정확성은 이루 말할 수 없다. 타고난 직관이겠지만, 오랫동안 많은 책을 가까이하면 자연스레 예리해지는 법이다. 현재 일본에서 교토대학의 철학연구실이 그 방면에서 가장 좋은 장서를 갖추고 있는 것도 교수님이 교수 시절에 열심히 체계적으로 수집한 덕분이라고 생각한다. 교토대학 시절, 연구실에 책을 빌리러 갈 때면 서고에서 교수님이 책을 찾는 모습을 얼마나 많이 목격한지 모른다.

교수님의 영혼에는 대담한 무언가가 있다. 교수님 댁을 찾아가서 유명한 철학자의 이름을 들며 그를 어떻게 생각하느냐고 물어보면 갑자기 "그 사람은 안 돼" 하는 식으로 직설적으로 비난했다. 그런 짧은 비평이 들어맞을 때가 많았다. 나는 교수님의 날카로운 직관에 감탄하는 동시에 그에게서 두려워하지 않는 담대한 영혼을 느꼈다. 다른 사람의 책 따위는 안중에도 없는 듯했다. 그러면서도 상당히 자주 책을 읽었다. 교수님 댁에 찾아가면 읽다 만 책이 책상 위에 펼쳐져 있고, 그 옆에 놓인 종이에는 중요한 문구 한두 개가 발췌되어 있거나 책을 읽으며 떠오른 생각 등이 적혀 있었다. 교수님의 메모는 늘 독일어였던 것으로 기억한다.

책과 마찬가지로 인물에 대한 평가도 제법 날카로웠다. 단 한마디로 본질을 꿰뚫는 정확성은 무서울 정도였다. 타인 따위는 전혀 상관없다는 식이었다. 이렇듯 그에게는 담대하면서도 과격한 면이 있었다. 한편으로는 참 다정하고 눈물을 잘 흘렸다. 하루는 세미나 시간에 한 학생이 자기 차례임에도 불구하고 예습을 해오지 않았다. 화가 난 교수님이 별안간 "그 따위로 하려면 학교를 그만 둬!" 하고 소리쳤다. 그런데 교수님의 눈에는 내가 그렇게 봐서 그런지 눈물이 맺혀 있었다. 나는 교수님의 과격한 영혼을 접함과 동시에 따뜻한 마음을 알고는 눈시울이 뜨거워졌다. 교수님은 자신의 담대함과 과격함을 내면에 집중시키려 애쓴다. 그리고 세상에 대한 태도는 항상 조심스럽고 겸손해서 때로는 너무 조심스럽지 않나 싶을 정도다. 오랜만에 교수님과 만나는 날이면 "누구누구는 어떻게 지내나?" 하며 잊지 않고 제자들의 안부를 물어볼 때가 있다. 정말 제자 사랑이 지극한 분이다. 그 다음에 찾아가면 갑자기 "공부는 잘하고 있나?" 하고 물어볼 때가 있다. 내가 한참 게으름을 피울 때 그런 질문을 받으면 정말 가슴이 뜨끔하다. 하지만 우리를 염려하는 교수님의 따뜻한 마음을 알기에 '이거, 공부 좀 해야겠는 걸' 하고 반성하며 교수님 댁을 나서곤 한다.

대학원에 다니던 무렵이었을 것이다. 어느 날 지금은 고인이 된 후카다(야스카즈) 교수님을 찾아갔는데, 언제나처럼 술이 나오고 교수님이 살짝 취하기 시작했다. 화제가 니시다 교수님 얘기로 바뀌자 교수님이 이렇게 말씀한 것을 지금도 기억한다. "니시다 교수님은 동물 영혼esprits animaux이 많은 사람이군요." 예전에 나는 그에 대해 〈문예춘추〉에 수필 형식의 글을 기고한 적이 있다. 실제로 니시다 교수님에게서는 데카르트가 말하는 동물 영혼 같은 것이 느껴진다. 그거야말로 교수님이 지닌 에너지의 근원이 아닌가 싶다. 상당히 정력적인 분으로, 일흔을 넘긴 지금도 손님과 함께 과자와 과일을 단숨에 먹어치우고 차를 벌컥벌컥 들이켠다. 강한 정신력을 엿볼 수 있는 집요한 사색 속에는 이처럼 육체적인 무언가가 있고 그것이 박력 넘치는 글에 녹아 있는 듯하다. 좀처럼 겉으로 드러내진 않지만 아마도 교수님은 희로애락이 보통 사람보다 몇 배는 격렬한 듯하다. 아니, 그런 정념보다 훨씬 깊은 마음속에는 짙고도 짙은 어둠이 있는 건 아닐까. '무언가에 홀린 듯한' 말을 자주 하신다. 이는 교수님에게 단순한 철학의 개념이 아니라 깊은 경험이다. 교수님의 영혼 밑바닥에는 뭔가 악마적인 요소가 있다. 그것이 교수님을 끊임없이 사색으로 내모는 힘이다. 사색이 곧 원죄라는 것을 교수님은 정말 깊이 이해한 게 아닐까. 교수님의 철학은 그 어둠을 비추고자 하는 노력이고 어둠 속에서 나오는 빛이다. 어둠이 깊을수록 합리성에 대한 요구도 격렬해질 터다. 교수님의 철학이 단순한 비합리주의가 아니듯 단순한 직관주의도 아니다. 어디까지나 합리적인, 논리적인 무언가를 격렬하게 추구하는 데 있다. 어둠 속에 내리쬐는 빛줄기가 가장 아름다운 법이다. 교수님의 철학과 인품의 매력도 깊이를 가늠할 수 없는 어둠에서 오는 것이다. 교수님이 다이시第四고등학교 교사로 있을 때는 러시아 소설을 상당히 많이 읽었다고 한다. 지금도 교수님은 도스토예프스키를 좋아하고 그에게 깊은 공감을 느끼는 듯하다. 그것은 단순한 신비주의가 아니다. 이른바 교수님이 말하는 '역사적 물질'의 문제다.

## · 3 ·

교수님은 논문을 집필할 때 매일 아침 빠짐없이 스물세 장씩 쓴다고 한다. 장편작가가 소설을 쓰는 방식과 비슷하다. 교수님이 창작가의 마음으로 논문을 쓰는 게 아닌가 생각한다. 매일 일정량을 조금씩 써나가는 논문은 교수님의 사색 일기이기도 하다. 거기에는 시작도 없고 끝도 없다. 교수님의 저서는 1장, 2장으로 나뉘는 보통 책과는 형식이 전혀 다르다. 지금껏 한 번도 1장, 2장 등으로 구분한 책은 쓴 적이 없고 오직 논문만 집필한다. 논문이 모여 한 권의 책이 탄생한다. 하지만 결코 단순한 논문집이 아니다. 논문 하나를 끝내면 늘 부족함을 느끼고 그 부족한 부분을 채우려고 다시 쓰다가 마침내 다음 논문이 탄생하는 식인 듯하다. 교수님의 논문에는 끝이 없다. 교수님은 예술가의 활동에는 한계가 없고 작품은 완성되지 않는다는 피들러Konrad Fiedler의 말을 자주 인용했는데, 그분의 저서에 딱 들어맞는 말이 아닌가 생각한다. 수많은 논문을 집필하면서도 결국 장편 논문 하나를 쓰고 있는 셈이다. 그리고 그것은 완결되지 않는다. 평생 많은 소설을 집필하지만 결국 단 하나의 장편소설을 완성하는 작가와 닮았다. 교수님은 각양각색의 주

177

제에 대해 쓰며 결국 하나의 근본적인 주제를 추구한다. 그 격렬함과 집요함에는 감탄할 수밖에 없다. 물론《선의 연구》부터 최근의 논문에 이르기까지 교수님의 철학에는 발전이 있고 그 발전에 주목하는 것은 중요하다. 하지만 거기에는 근본적으로 연속된 무언가가 있다. 교수님은 한편으로 시대에 지극히 민감한 사상가다. 새로운 유행을 만들어가는 면이 있다. 그런 의미에서 그분에게는 저널리스트로서 뛰어난 감각이 있다고 할 수 있다. 하지만 교수님처럼 시대에 민감하고 끊임없이 시대의 영향을 받으며 늘 무언가 하나를 추구하는 사상가는 드물다. 그래서 교수님의 철학에는 새로움과 깊이가 있다. 시대에 민감한 사람은 천박해지고 자신을 고집하는 사람은 정체되기 마련이다. 교수님은 어느 쪽도 아니다. 생명은 환경으로 한정되고 그렇게 한정된 생명은 반대로 환경을 한정한다, 요즘 교수님이 늘 하는 이 말씀에서 교수님의 철학이 고스란히 드러난다. 교수님의 철학은 그 특유의 문체를 떠나서는 생각할 수 없다. 헤겔이 독특한 방식으로 사고했듯이 니시다 교수님도 독특한 사고방식을 지녔다. 교수님의 경우 문체 자체가 철학이다. 특유의 스타일을 떠나 그 사상을 표현하기는 불가능에 가까울 듯하다.

교수님의 철학에는 동양적 직관이 담겨 있다. 선禪을 통해 배운 듯한데, 선으로만 얻은 것 같지는 않다. 또한 교수님의 저서 중에는《소승 신란》같은 글도 있다. 그리고 에도시대 학자인 모토오리 노리나가本居宣長에게도 공감하는 듯하다. 교수님의 사상에 담긴 동

178

양적인 특성은 그 스스로가 독자적으로 체득했다고 보는 편이 맞겠다. 교수님의 철학이 새로운 이유가 여기 있다. 괴테 등의 학자와 상통하는 면이기도 하다. 최근 선이 유행하는 모습에 대해서는 되레 불쾌하게 느끼지 않을까. 교수님이 지향하는 바는 일본의 독자적 철학이다. 하지만 늘 이런 말씀을 했다. "서양 윤리를 넘어서서 거기에 도달해야 한다." 젊은 사람들에게 "동양의 책은 수양을 위해 읽어야 하고, 철학을 하려면 역시 서양 철학을 공부해야 한다"라고 가르쳤다. 학문으로 철학을 하려면 서양 사상을 연구해야 하지만, 철학은 단순한 학문을 넘어서는 것이므로 동양 사상을 습득하는 것이 중요하다는 뜻이다. 나는 철학의 심오함은 결국 인간의 위대함이라고 본다. 심오함은 모방할 수도 없고 배울 수도 없다. 니시다 철학의 심오함은 교수님의 인간적인 위대함에 근거한다. 학문을 떠나 인간 자체를 생각해도 교수님은 당대에 드문 인물이다. 오늘날 일본에서 각계를 통틀어 감탄할 만한 위대한 인물은 니시다 교수님과 고다 로한 선생님이라고 어떤 친구가 나에게 말한 적이 있다.

대학생 시절 교수님은 늘 기모노 차림에 구두를 신고 대학에 출근했는데, 그 모습이 마치 시골 촌장이나 교장 같았다. 그런데 교실에서는 마이농의 대상론과 후설의 현상학 등 당시 일본에는 거의 알려지지 않은 서양의 새로운 철학을 강의했다. 이처럼 교수님에게는 지극히 시골스러운 동시에 지극히 새로운 면이 있었다. 분트에 따르면 소크라테스는 아티카 농민의 전통 정신을 대표했다고 한다. 그에게는 당시 외국에서 아테네로 들어와 신학문으로 유행한 소피스트와 닮은 구석이 있었다. 니시다 교수님의 철학은 일본에서 소크라테스와 같은 지위에 있다고 볼 수 있다. 소크라테스는 전통 정신에만 머무르지 않았고 단순한 소피스트도 아니었다. 그는 그리스 고전 철학의 출발점이 된, 전에 없던 독자적인 철학을 주창한 것이다. 니시다 교수님은 동양 사상과 서양 사상의 통로를 열어 전혀 새로운 일본 철학을 만들었다.

## · 4 ·

니시다 교수님은 세상일에 어두운 철학자가 아니었다. 인생을 다각적이고 깊이 이해하고 있는 그에게 놀란 적이 한두 번이 아니다. 특히 대학 교수직을 정년퇴임한 후에는 의무적인 부담이 덜해서인지 사회, 정치 문제를 자주 언급했다. 가마쿠라에 별장을 마련한 뒤로는 여름과 겨울만 되면 몇 개월을 거기서 보냈는데, 내가 찾아가면 시국에 대한 얘기가 먼저 나왔다. 언제나 철학 문제에만 골몰하는 분이다 보니 다른 사람을 만났을 때만이라도 철학에서 벗어나 다른 일을 화제로 삼고 싶을 만도 하다. 단, 교수님이 시사 문제를 논할 때는 방관자의 태도가 아니다. 논의가 열기를 더해갈 무렵 소매를 걷어 올리고 얘기를 계속하는 그의 말투에서 열사의 모습이 보일 정도다. 그 모습에서 메이지 시대의 좋은 유산을 느낀다. 시사문제에 대한 교수님의 관찰과 비평은 예리해서 정곡을 찌를 때가 많다. 고노에 후미마로近衛文麿와 기도 고이치木戸幸一가 학습원 시절 그의 제자여서 그럴 것이다. 그들이 주요 관직에 임명된 후 교수님의 시국에 대한 관심이 더욱 깊어진 듯하다. 열띤 어조로 고노에나 기도 같은 인물을 거침없이 비평할 때도 흥미롭지만, 나이 들어서도 젊은 청년처럼 나라를 걱정하는 교수님의 열정에는 머리가 절로 숙여진다.

교수님은 다양한 일에 관심을 가지고 그것을 이해하며 늘 한 가지를 추구했다. 딴청을 피우느라 시간을 허비하지 않았다. 수필도 출중하지만 그런 재능을 가지고도 수필은 좀처럼 쓰는 법이 없었다. 찾아뵐 때마다 "아직 한참 멀었어"라고 한다. 이렇듯 지치지 않고 변함없이 한 가지를 추구한다. 나처럼 딴청만 피우는 사람은 부끄럽기 짝이 없다. 교수님이 주신 붓대에는 교수님의 노래가 새겨져 있다.

아타고愛宕산 너머로 지는 해처럼 붉은 빛으로 불타네, 남은 생명이여. 교수님의 심정이 잘 드러나 있다.

# 한 통의 소식

1924년 1월 1일 마르부르크에서

새해 복 많이 받으십시오. 작년에는 하이델베르크에서 맞이한 설날을 올해는 마르부르크에서 맞이했습니다. 그 옛날 독일에서는 섣달그믐 밤 악령을 쫓는다는 의미로 문밖에서 요란하게 발포하는 관습이 있었다고 합니다. 지금도 옛날 분들은 자정이 되는 순간 높은 의자에서 뛰어내린다고 합니다. 새해 속으로 기운차게 뛰어들자는 뜻이라는군요. 연말이라 그런지 여러 해 전에 지은 시가 떠올랐습니다.

한순간의 열과 빛을 좇아 상아탑을 태우는 날도 있으니.

*

일본을 떠나기 전부터 헤겔 열풍이 다시 독일에서 불고 있다는 소식을 들었습니다. 확실히 헤겔을 다룬 책이 상당히 많더군요. 어느 대학 세미나를 가도 헤겔을 즐겨 사용했습니다. 하지만 진정한 의미에서 우리를 헤겔의 사상 세계로 인도해줄 사람은 아직 찾지 못했습니다. 새로운 독일어를 만들고 싶은 심정입니다. 그것들 전부가 Hegelrei인 것은 아닐까요. 지금의 독일에서 헤겔 관련 학자는 지식 면에서는 뮌헨대학의 팔켄하임, 체계 면에서는 프라이브루크대학의 에빙하우스가 일류로 알려져 있습니다. 그 다음으로는 클로넬, 놀, 라손, 브룬쉬테트 등이 있습니다. 빈델반트가 〈헤겔주의의 부흥〉이라는 논문을 썼을 때 전도유망한 신진 학자 놀과 에빙하우스를 염두에 두었다고 합니다. 그 후 긴 세월이 지났지만 예전에 칸트 철학이 리프만, 랑게 정도의 학자를 만난 행운을 우리의 헤겔은 아직 맛보지 못한 듯합니다. 클로넬, 에빙하우스, 하르트만 등의 인물이 한결같이 헤겔에 대한 저술을 기획하는 것도 재미있는 현상입니다. 이 책들이 출간되면 저도 우리의 헤겔에 관해 정리해서 글을 써볼까 합니다.

마찬가지로 일본을 떠나기 전 독일에서는 역사철학과 정신과학의 기초적 고찰이 왕성하게 이루어지고 있다는 소식을 들었습니다. 하지만 이 방면에서 너무 많은 기대를 했는지도 모릅니다. 슈프랑거, 슈펭글러, 야스퍼스 등은 재미있게 읽히지만 방법의 사유에서건 대상의 사유에서건 사색을 집요하고 단단하게 통일하는 힘이 부족하지 않나 싶습니다. 최근 출간된 막스 베버의 경제학 방법론에 대한 논문집과 막스 셸러의 윤리학 서적에는 뚜렷한 특색이 있어 뭔가 가르침을 얻을 수 있을 듯합니다. 오랫동안 기다리던 트뢸치의 역사철학 서적이 나왔습니다. 독일 역사철학 연구의 현황을 다룬 일류 저술이 될 것으로 보입니다. 트뢸치는 특유의 박식함으로 근대의 모든 역사철학 사상을 비평했습니다. 하지만 역사철학이 어떤 토대에 서서 어떤 방향으로 가야 하는지를 명확하고 철저하게 통찰하지 못해서 무려 천 쪽에 달하는 비평이 죄다 갈 길을 잃었습니다. 이른바 근대 역사철학 사상가들의 Geister를 한데 모아 애도하고 있는 셈입니다. 그의 성대한 애도는 우리에게 깊은 교훈을 주었습니다. 정신과학과 문화철학의 기초는 여태껏 시도한 적이 없는 다른 방법으로 새로이 확립해야 합니다. 과학의 학문적 성질을 명확한 증명이 따르는 보편타당성으로 규정하고 그 근거를 찾아가는 형식적인 방법은 과학의 종류에 따라 본질적인 특성을 손상할 수 있으므로 자연스레 성장하는 형태를 왜곡하게 되지 않을까 의심스럽습니다. 설령 명확한 증명 또는 보편타당성이라는 개념을 유지하더라도 새로운 방법으로 바꾸어야 하지 않을까요. 작년 11월 29일 프랑크푸르터 차이퉁Frankfurter Allgemeine Zeitung에 프리츠 슈트리히Fritz Strich가 〈현대 정신역사의 본질과 과제〉라는 논문을 발표했습니다. 그는 신생 역사학, 특히 문학사와 예술사의 경향이 stil(스타일) 역사 쪽으로 가고 있다고 하며 대표적인 인물로 뵐플린Heinrich Wölfflin과 프리드리히 군돌프Friedrich Gundolf를 들었습니다. 새로운 역사학은 '근본 개념의 이데(관념)와 창조적 발전의 이데'로 낡은 히스토리스무스(historismus, 역사주의)를 파괴했습니다. '근본 개념'은 영원히 인간적이고 본질적인 실체이며 이 실체는 역사 현상 속에서 무한한 모습으로 계속 등장합니다. 온갖 시대,

모든 민족에서 다른 창조적 실현 형식을 통해 끊임없이 되풀이되는 통일성이 바로 슈틸stil입니다. 슈트리히는 '정신 통일에 대한 인식이야말로 새로운 역사철학 정신'이라고 했습니다. 신생 역사과학의 문제는 '과거에 잠시 존재했던 것이 아니라 늘 존재하는 것'이며 본질적으로 정신적인, 그리고 인간적인 무엇이며 따라서 항상 존재하는 무언가에 대해 얘기하는 것이라고 그는 주장합니다. 슈트리히의 말이 새롭다는 뜻이 아닙니다. 하지만 이 문학사가의 새 요구는 현대의 수많은 역사철학이 지향하는 바이기도 합니다. 영원히 인간적인 무언가의 생명의 멜로디와 운율을 터득하자는 것이 사람들의 절실한 요구가 아닐까요. 젊은 사람들이 키에르케고르를 열심히 읽는 것도 이런 요구로 나타난 게 아닌가 싶습니다. 단, 역사를 한 생명의 등장으로 생각하는 경우 여기서 생명은 단순한 생명이 아니라 하나의 역사적 생명이며, '역사적'이기에 우리의 문제가 된다고 생각합니다. 따라서 역사적 생명을 유기적 생명과의 아날로기(유사성)를 바탕으로 고찰하면 아무래도 '본질적으로 역사적인 것'을 놓치게 되지 않을까요. 역사과학의 과제를 일종의 Morphologie(형태학)이라 해석하면 그 전제에서 모순을 범하는 일이라고 생각합니다. 이를테면 유기체와의 아날로기에 근거해 사회에 목적 관계가 존재한다고 결론 내린다면 오히려 정당한 논리적 순서에 역행한다고 봅니다. 목적, 기능 또는 구조의 관계는 역사적, 사회적 현실에 있을 때 비로소 실제로 체험할 수 있고 어떤 곳이든 추적할 수 있는 데 반해 유기체의 영역에서 이들 관계는 가설상의 보조적 방법에 불과합니다. 그러므로 역사적 사실을 연구할 때 유기체의 개념을 지침으로 삼지 말고 차라리 자연 연구가 사회적 사실의 아날로기를 활용해야 합니다. 자연철학적 사변을 역사 해석에 도입하는 것은 너무나 위험한 일입니다.

*

이곳에 와서 특히 느끼는 것은 학문이 커다란 뿌리를 내리고 성장한다는 점입니다. 저는 학문을 보고 학문을 접할 수 있습니다. 수많은 대학을 보고 많은 책을 접한다는 뜻이 아닙니다. 마치 우리가 타인의 얼굴에서 감정을 보고 타인의 손을 통해 욕망을 접할 수 있듯이 대학과 세미나, 책을 통해 하나의 학문적 의의를 보거나 거기에 다가갈 수 있습니다. 제가 학문적 의의와 마주하는 이유는 학문적 의의가 생명을 가지고 자연의 힘으로 성장하기 때문입니다. 연극에 이런 말이 있습니다. "연기가 조화롭다." 제가 이곳의 학자를 볼 때마다 떠오르는 말입니다. 그들의 학문에 무리가 없고 왜곡된 부분이 없는 이유는 그들 모두 하나의 학문적 의의 안에서 성장하기 때문입니다. 이러한 학문적 의의가 자연스레 성장해 온갖 학문적 현상에 작용하려면 오랜 역사적 배경이 필요하다는 사실은 두말할 필요도 없습니다. 이런 맥락에서 예컨대 하르낙<sub>Adolf von Harnack</sub>이 집필한 프로이센의 아카데미 역사를 읽는 것도 흥미로운 일입니다. 더불어 학문적 의의가 자유롭게, 자연스럽게 성장하고 발달할 수 있는 제도가 마련되어 있다는 점도 중요합니다. 한 가지 예로 독일의 대학생에게는 전학의 자유가 주어집니다. 따라서 이곳 학생들은 철학을 전공한다고 해서 철학만 공부하는 사람은 극히 드물고 대부분은 부전공을 따로 공부하거나 수학과 자연과학, 또는 신학과 역사 등의 특수과학을 함께 연구합니다. 게다가 학생과 교수와 세미나 이 세 가지가 늘 긴밀한 관계를 유지하죠. 모든 요소가 종합적으로 작용해야 합니다. 예컨대 하나의 세미나에서 좋은 서고를 갖추려면 성장하고 있는 학자가 필요합니다. 연구에 도움이 되는 서고는 성실한 연구자가 자신의 연구를 진행하며 필요한 서적을 체계적으로 조사하고 수집할 때 비로소 완성됩니다. 저는 학문적 의의의 종합작용이 학문이 성장하기 위한 조건이라는 생각에 이르게 되었습니다. 학문의 종합적 정신을 발휘하기 위한 종합대학 제도가 단순히 경제 정책에 편리성을 부여하거나, 중앙 집권적 지배를 쉽게 하거나, 학자가 그들의 울타리를 견고하게 만드는 기관이 되지 않도록 경계해야 합니다. 학문적 의의의 종합작용이 자유롭게 일어났을 때—Vielwisserei(박식함) 또는 딜레탕티즘을 말하는 게 아니라—특수 학문도 번성할 수 있다고 생각합니다. 아카데미카(대학 졸업자)가 자신의 본분을 끊임없이 반성하고 자각하며 일하는 태도는 학문적 의의의 발달에 제도 문제 이상으로 필요한 일임에 분명합니다. 피히테, 셸링, 슐라이어마허 등의 대사상가가 뚜렷한 인생관과 세계관을 바탕으로 대학의 본분에 대해 논의한 것은 독일 대학에 얼마나 행복한 일이었을까요. 그중에서도 셸링의 《대학의 연구 방법》은 제가 즐겨 읽는 책 중 하나입니다. 최근 야스퍼스가 《대학의 이데》라는 책을 출간했는데 흥미로운 일이었습니다.

앞서 학문적 의의의 종합작용이라고 했습니다. 이 종합적 작용을 이해한다면 세분화된 작용도 이해하게 됩니다. 학문적 의의는 역사라는 세계 속에서 성립됩니다. 따라서 오성의 기교적 개념으로, 또는 이론상의 가능성의 수로 학문을 분류하기는 불가능하다고 봅니다. 학문의 위치는 논리학으로 결정되지 않습니다, 온갖 학문이 발생하고 성장한 곳의 근원을 밝혀 각 학문의 여러 근원에 영향을 미치는 하나의 종합작용을 찾아 이 종합 구조에 각 근원을 관련지었을 때 비로소 결정되는 것이 아닐까요. 분류에 필요한 '유개념'이라는 말의 근원은 그리스어 '게노스'입니다. 게노스는 '기그네스타이'라는 동사에서 왔는데, 이 동사에는 '이루어지다', '탄생하다'라는 뜻도 있습니다. 즉, 태생이 같고 유래가 같은 것이 하나의 유개념에 내포된 대상의 영역을 형성하게 됩니다. 사물의 유래는 사물의 본질에 대해 우연적인 일이 아니며, 오히려 구성적인 의미를 지닌다는 것이 게노스라는 말에 포함된 '철학'입니다. 사물의 유래가 사물의 실체적 본질을 구성한다는 수수께끼에 대해 아리스토텔레스는 '티 엔 에이아이ti en einai'라는 불가사의한 개념으로 풀고자 했습니다. 발생적 방법이 현대에는 심리주의 또는 히스토리스무스라고 불리며 비난받고 있습니다. 그런데 우리는 심리주의 또는 히스토리스무스에 빠지지 않고 하나의 새로운 발생적 방법을 생각할 수는 없는 것일까요. 실재를 fieri라 보는 길은 논리적 방법 외에는 불가능할까요. 나토르프 심리학의 방법이 심리주의가 아니라면 역사적, 사회적 세계에 성립된 사실을 그 역사적 기원으로 환원함으로써 역사적 의의의 근원적인 형태를 구성하고 이 의식의 작용을 순수하게 기술하는 학문은—단, 그런 학문이 있다고 한다면—아예 히스토리스무스로 배척하지 않아도 되겠지요. 저는 언어학자가 이미 이와 비슷한 방법을, 무의식적이건 불완전하건 그들의 연구에서 다양한 방면으로 사용하고 있다는 사실을 깨닫습니다. 학문론은 학문의 역사 연구를 전제로 합니다. 이런 의미에서 자연과학 방면에서는 존경할 만한 프랑스 학자 뒤엠Pierre Duhem, 정신과학 방면에서는 저 그리운 딜타이 등 방법은 제각기 달라도 연구를 확대하고 추진하는 사람이 등장한다는 것은 정말로 바람직한 일입니다.

*

존경하는 학자 중에도 만나고 싶은 사람이 있는가 하면 만나기 싫은 사람도 있습니다. 이를테면 브렌타노나 딜타이는 허락만 받는다면 꼭 만나보고 싶은 사람입니다. 그런데 쿠노 피셔와 트뢸치의 집은 문을 지나기 전에 몇 번이나 망설였을 듯합니다. 지금의 독일에서 장래성이 있는 철학자로 많은 사람이 꼽는 이는 하르트만과 하이데거입니다. 작년 가을, 저는 마르부르크에 와서 이 두 사람과 만나 그들의 강의를 듣거나 세미나에 참여했습니다. 하이데거가 마르부르크에 온 것은 기쁜 일이었습니다. 하르트만에 대한 느낌을 한마디로 정리하자면 이른바 '장치에 능한' 사람입니다. 때에 따라 거드름을 피우거나 연기하는 태도를 보이는 것도 무리는 아니지요. 강의 솜씨도 제법 괜찮아서 청강생도 무척 많습니다. 세미나에서는 자신의 약점 보이기를 지나치게 싫어합니다. 솔직히 말해 하르트만에게 직접 배우기 시작하면서 그가 그렇게 유망한 사람일까 하는 다소간의 의문을 품게 되었습니다. 최소한 지금은 하르트만이 위대하게 느껴지지 않습니다. 그의 저서 《인식의 형이상학》도 상당히 '장치에 능한' 느낌입니다. 예상대로 솜씨가 괜찮더군요. 하지만 위압감 있고 당당한 자세가 모두 하나의 장치를 바탕으로 완성된 것처럼 느껴집니다. 만약 이 책을 이미 읽은 분이라면 앞서 언급한 장치가 무슨 뜻인지 바로 짐작하리라 생각합니다. 그는 아무렇게나 본체론이며 형이상학의 성립 가능성과 필요성을 언급했습니다. 인식은 Erzeugen(만들다)이 아니라 Erfassen(붙잡다)입니다. 그에 따르면 인식이 포착일 경우 포착해야 하는 무언가가 모든 인식 앞에 독립적으로 성립되어 있어야 하며, 또한 이 무언가는 본체론적, 형이상학적이라는 설명입니다. 이 전제가 맞는다면 본체론 성립의 필연성을 증명하기도 아주 쉽겠지요. 하지만 인식이 포착이라는 것이야말로 가장 의심스러운 말입니다. 모든 입장을 주관적으로 보는 그의 철학은 그의 이른 바 현상학을 바탕으로 현상을 분석해 인식이 실제로 포착임을 증명해야 합니다. 하지만 그는 인식이 곧 포착이라는 전제하에서 인식 개념을 분석하는 데 그쳤으며 전제 자체는 어디에도 구체적으로 명시되지 않았다고 생각합니다. 이렇게 말하면 하르트만의 철학은 이렇게 답하지 않을까요. 우리의 natürliche Einstellung(자연적 태도)에 있는 인식일 경우 이 현상은 늘 존재한다고 말이지요. 이 말대로 인식이 곧 포착이라면 우리가 자연적 입장에서 생각한다는 뜻일 테지요. 하지만 그것은 자연적 입장의 추상적인 사고방식을 의미하는 것으로 보입니다. 이는 인식을 통해 처음 드러나는 것이 감각이라고 보는 입장과 동일선상의 사고방식입니다. 감각을 인식의 최초의 결과로 보는 것부터 이미 추상적입니다. 지금 내가 눈을 떴을 때 보는 장면은 책상이라는 구체적인 사물이지 검은색이라는 감각이 아닙니다. 마찬가지로 그때 내가 생각하는 것, 아니 직접 보는 것은 '책상이 나타나 있다'지 '내가 책상을 포착한다'가 아닙니다. 그럴 때 동시에 내 앞에 자기 모습을 드러낸 존재에 대해—언어학 용어를 빌려 말하자면—일종의 interpretatio(해석)를 하는 셈입니다. 이 존재를 '책상'으로 보는 것 자체가 이미 해석입니다. 따라서 존재와 해석은 오직 추상적으로만 구분할 수 있습니다. 이 간단한 고찰로도 인식이 대상의 포착이라는 전제는 입장의 최소가 아닌 최대를 의미하며 특수한 입장에서 특수한 사고방식에 근거한 인식 개념을 본체론의 예상으로 보는 것이 일종의 모험에 불과하다는 사실이 분명해집니다. 역사적으로도 그리스 철학에는 이른바 Gegenstand(대상)에 해당되는 존재를 드러내는 개념은 없으며 존재 중 제1의 것, 직접적인 것은 다름 아닌 '프라그마'였습니다. 프라그마란 우리들이 다루는 것, 우리가 행동하는 대상을 가리킵니다. 만약 그렇다면 하르트만이 이른바 현상학을 논하고 Aporetik(문제학)을 논하는 행위도 결국 허공에 떠 있는 인형을 조정하는 격이 아닌지 우려됩니다. 아리스토텔레스의 아포레틱은 ─이 단어가 허락된다면─더 깊은 통찰에 근거한다고 믿습니다. 같은 객관주의라도 라스크 등의 인물이, 같은 실재론자라도 퀼페 Oswald Külpe 등의 인물이 더 깊게 보고 더 강력한 기틀을 확립했다고 생각하는데 어떻게 생각하는지요. 당신의 생각을 들은 후에 더 상세히 비평하고자 합니다.

그럼에도 불구하고 하르트만이 지금의 독일에서 환영받는 이유는 무엇인가, 이렇게 묻고 싶겠지요. 어느 날 밤, 몇 시간에 걸쳐 하르트만을 신봉하는 한 학생과 하르트만의 철학을 논하며 그 철학의 여러 문제점을 얘기했는데, 그가 각 문제점에 대해 답하고는 '그럼에도 불구하고 하르트만의 철학만큼 넓은 Horizont(시야)를 지닌 철학이 현대에는 없지 않은가'라고 하더군요. 절충적이고 강한 통일성이 부족하고 다소 과장되게 말하는 경향이 있지만, 어쨌거나 하르트만의 철학이 넓은 호리존트를 지향한다는 것은 분명

합니다. 그리고 이처럼 전망이 넓은 철학을 이 시대의 젊은 학생들은 원합니다. 최근 역사적으로 복잡한 경험을 한 청년들의 이런 요구에는 전혀 무리가 없다고 생각합니다. 논리주의 밖으로 한발 내딛으려는 노력과 Sache⁽사물⁾ 자체로 돌아가라는 표어는 넓고 큰 호리존트를 추구하려는 요구가 드러난 표현으로 볼 수 있습니다. 그런데 여기서 Sache란 도대체 무엇일까요.

하르트만에 대한 글이 의외로 길어지는 바람에 하이데거에 대해서는 간단하게만 보고해야겠습니다. 그는 원래 리케르트의 제자였다가 훗날 리케르트를 떠나 후설을 사사하고 지금은 후설에 대해서도 비평적이 되어 딜타이 등의 생각을 발전시키려는 듯합니다. 어느 날 제가 리케르트와 얘기할 때였습니다. 리케르트가 이런 말을 하더군요. "하이데거는 워낙 재능이 뛰어난 남자이니 앞으로도 그의 사상은 계속 반데룽(wanderung, 방황)할 겁니다." 지금의 독일에 존재하는 유일한 아리스토텔레스 학자로서, 중세 철학을 깊이 이해하는 사람으로서 하이데거를 추천하는 사람은 상당히 많은 모양입니다. 이는 그리스 철학사가인 호프만과 언어학자 프리드랜더에게 직접 들은 얘기입니다. 하이데거는 거의 모든 점에서 하르트만과 정반대입니다. 귀공자다운 하르트만에 비해 하이데거는 완전히 시골 사람입니다. 투박하고 무뚝뚝한 데다 끈기 있는 성격이 강의나 세미나에서도 드러납니다. 그런데 그와 동시에 명민하고 재치 있는 면도 있으니 재미있는 일입니다. 하이데거가 후설의 페노메놀로기(Phänomenologie, 현상학)에서 한발 더 내딛고자 하는 출발점, 이러한 노력이 지향하는 방향을 더듬어가는 일은 저에게 무척 흥미로운 일입니다만, 다음 기회를 기다리겠습니다.

*

외국에 나온 사람이면 누구나 '말'이라는 불가사의한 존재에 부딪치게 됩니다. 일본에 있을 때에는 외국 서적을 읽어도 말을 사상의 부호 또는 전달 도구라는 정도로만 느꼈습니다. 그런데 이곳에 와서 외국어의 '어감'을 조금이나마 이해하게 되면서 하나의 말 속에 살아 있는 'Genie(천부적 재능)'를 깨닫게 되었습니다. 저는 새삼 말과 존재가 얼마나 밀접한 관계인지 생각하게 됩니다. 앞서 언급했듯이 눈을 뜨고 '책상'을 볼 때 이미 일종의 interpritatio가 이루어지며, 책상이라는 말은 내 눈앞에 나타난 존재의 의미를 드러내는 작용을 합니다. 만약 말이 다채로운 표현 방법에서, 다양한 방면에서 존재의 의미를 드러내고 존재를 우리에게 드러나게 하는 것이라면 예컨대 아리스토텔레스가 화법에서 범주를 도출했다는 말에도 깊은 의미가 있다고 생각합니다. 우리는 이러한 사상의 진정한 의미를 이해하기 위해 말은 읽거나 듣기만 하는 것이 아니며, 온갖 곳의 말을 보고 말을 접할 수 있던 그리스, 이른바 '아티카의 웅변'으로 대표되는 그리스, 문법이 살아 있고 말은 살을 드러낸 채 대중에게 나타나 존재했던—이러한 말의 존재 방식을 그리스인은 '알레테스(방랑자)로서의 존재'로 부른 듯합니다—그리스의 생활을 떠올려야 합니다. 말에는 생명이 있고 특수한 Genie가 있다는 사실을 깨닫는다면 각 민족의 말 속에서 그 민족의 역사를 찾을 수 있다고 해도 과언이 아닙니다. 천재 훔볼트가 말은 생산된 것이 아니라 생산이며 완성된 것이 아니라 활동이라고 한 것은 분명한 진리입니다. 그뿐 아니라 말에 대한 의식 자체도 진보해갑니다. 그런 의미에서 이를테면 헤르메노이틱(Hermeneutik, 해석학)의 역사, 특히 성서 해석학의 역사를 알아보는 것도 유익한 일입니다. 뛰어난 연구가 헤르만 우제너Hermann Usener에 따르면 언어학자에게 필요한 것은 언어의식이라고 했습니다. 문법의 완고한 형식을 습득하라는 얘기가 아닙니다. 언어 의식은 일종의 역사의식의 작용, 심지어 가장 근본적으로 작용하는 형식이라고 생각합니다. 언어학의 과제는 인간적인, 그중에서도 정신적 존재 전체의 넓이와 깊이 위에 확대되어 있다, 그리하여 언어학은 역사과학의 밑바탕을 이루는 결정적 방법이라고 한 우제너의 말에는 항변하기 어려운 진리가 담겨 있습니다. 언어 의식이 계속 발달하는 한 언어학상의 interpretatio도 결코 끝나지 않겠지요. 또한 저는 언어학자가 행하는 recensio(교정)와 interpretatio, 또는 크리틱과 헤르메노이틱을 이해하는 일이 역사의식의 작용, 역사 인식의 방법을 이해하는 데 근본적인 의미가 있다고 느낍니다. 하지만 이러한 것들을 밝히려면 무엇보다 말과 존재, 말과 인식의 관계를 철저히 통찰해야 합니다. 이들 문제에 관해 쓸 생각은 없었습니다. 훔볼트에 이어 슈타

인탈Hermann Heymann Steinthal, 최근에는 파울Paul Jakob Deussen까지 잃은 독일 언어학의 이론 연구도 지금은 왠지 허전하게 느껴집니다.

*

마르부르크의 겨울은 제법 춥습니다. 하지만 저는 곧잘 산책을 나섭니다. 라인강 저편에는 토끼들이 좋아할 만한 볕이 잘 드는 높은 언덕이 있습니다. 며칠 전에도 오토 교수의 권유로 이 언덕을 걸으며 일본에 대해 얘기했죠. 자작나무 숲 같은 것이 특히나 그립습니다. 라인강을 따라 걷는 것도 재미있어요. 오늘도 가모賀茂강의 방죽이 생각나 수년 전에 지은 유치한 시를 떠올려봅니다.


　　정처 없이 걷다 들판에 오니
　　풀이 짧아 눈물이 나는데
　　아무 까닭도 없이 아득히 먼 곳
　　생각하니 슬퍼지는구나.
　　　　×
　　새벽빛이 옅어지니
　　쓸쓸하지만 영혼의
　　고향에 찾아가면 강을 따라
　　길을 걸어 돌아가고 싶구나.


늘 건강하시길 바랍니다. 눈이 내릴 때쯤 다시 편지 드리겠습니다.